Lendle / Henrich
Ab jetzt vegan!

Die Autoren

Gabriele Lendle arbeitet bei einer Versicherung, ist Kunstmalerin, läuft Halb-Marathons – und lebt vegan. Aufgrund einer rheumatischen Erkrankung stellte sie vor 10 Jahren ihre Ernährung auf vegetarisch um, vor drei Jahren dann konsequent auf vegan – mit verblüffenden gesundheitlichen Erfolgen! Seitdem experimentiert sie begeistert mit pflanzlichen Lebensmitteln und zaubert immer wieder neue Kreationen. Mit ihren kulinarischen Highlights überzeugt sie selbst eingefleischte Fleischesser. Gabriele Lendle lebt in Stuttgart. www.gabriele-lendle.de

Dr. med. Ernst Walter Henrich ist Arzt und seit vielen Jahren bekennender Veganer. Nicht nur sich selbst ernährt er vegan, sondern auch seinen Hund Felix, inzwischen 19 Jahre alt. Nach seinem Medizinstudium machte Dr. Henrich eine naturheilkundliche Fortbildung. Er spezialisierte sich auf Gebiete der Gesundheitsvorsorge, insbesondere auf gesunde Hautpflege und gesunde Ernährung. Diese Spezialgebiete lehrt er seit vielen Jahren auf Fortbildungsseminaren. Mehr Infos erhalten Sie auf seiner Homepage www.provegan.info

Gabriele Lendle
Dr. med. Ernst Walter Henrich

Ab jetzt vegan!

Über 140 Rezepte: Gesund essen ohne tierische Produkte

◄ Mais-»Pizza«, S. 89

Liebe Leserinnen und Leser,

»WIE…? Du kochst jeden Tag ohne Fleisch, Fisch, Sahne, Milch und Eier?« »Ja, und auch ohne Honig und Butter!« »Und was bitte kann man dann überhaupt noch essen …?«

Da mir diese und ähnliche Fragen so oft gestellt werden, kam mir als langjähriger Hobby-Köchin eines Tages die Idee, ein veganes Kochbuch für all diejenigen zu schreiben, die keine Vorstellung davon haben, was man denn ohne Fleisch, Fisch, Sahne, Milch, Butter und Eier um Gottes Willen noch essen und kochen kann. Vor allem soll es sich auch an Menschen richten, die ihrer Gesundheit zuliebe in die vegane Ernährung einsteigen möchten. Der Arzt Dr. Ernst Walter Henrich wird weiter hinten im Buch näher auf die Zusammenhänge zwischen Gesundheit und (veganer) Ernährung eingehen (ab Seite 134).

Vielleicht haben Sie – ähnlich wie ich selbst vor einigen Jahren – von Ihrem Arzt den Rat bekommen, den Verzehr tierischer Produkte einzuschränken oder ganz darauf zu verzichten. Ich selbst gehöre ebenfalls zu den bislang eher selteneren Exemplaren von VeganerInnen, die nicht über den Tierschutz zu dieser Ernährungsform gefunden haben, sondern aus rein gesundheitlichen Aspekten. Ich litt unter einer rheumatischen Erkrankung und bekam den Rat, auf tierische Produkte zu verzichten. Zunächst standen bei mir also gesundheitliche Aspekte im Vordergrund. In der Zwischenzeit allerdings stehen der Tierschutz, Moral, Ethik und die erwiesenen positiven Auswirkungen der veganen Ernährung auf den Klimaschutz sowie die Lösung des Welthunger-Problems auf mindestens der gleichen Stufe.

Auf welchem Weg auch immer Sie auf dieses Buch gestoßen sind – es ist prima, dass Sie sich näher mit der veganen Ernährung beschäftigen möchten. Bei diesem Schritt möchte ich Sie gerne begleiten und Ihnen den Einstieg in die vegane Ernährung erleichtern – vielleicht sind Sie aber auch schon ein »alter veganer Hase«. Dann wird Ihnen das Buch neue Impulse und Rezepte in Ihren veganen Alltag bringen. Es ist für mich zum Beispiel immer noch erstaunlich, wie viel bunter und abwechslungsreicher die vegane Ernährung im Vergleich zur tierlichen ist.

Nun wünsche ich Ihnen viel Spaß bei der Lektüre und gutes Gelingen beim Ausprobieren Ihrer ersten veganen Rezepte!

Ihre Gabriele Lendle

Vegane Ernährung – Die Basics

Mit der Entscheidung für die vegane Ernährung krempelt sich so einiges in Ihrem Leben um. Hier erfahren Sie, wie die Umstellung spielend klappt.

Auf der Suche nach der richtigen Ernährung …

Vor der veganen Ernährung stand für mich die intensive Auseinandersetzung mit gesunder Ernährung im Allgemeinen. Auslöser hierfür war eine rheumatische Erkrankung vor mehr als 10 Jahren.

Glücklicherweise stieß ich damals auf eine Orthopädin, die gleichzeitig die TCM (Traditionelle Chinesische Medizin) praktizierte. Eigentlich wollte sie mich an einen Rheumatologen überweisen. Da ich kein großer Freund der Schulmedizin bin, auch wenn ich sie als notwendigen Teil der Ganzheitsmedizin ansehe, fragte ich sie nach Alternativen. Sie empfahl mir, mich nach der 5-Elemente-Lehre der Traditionellen Chinesischen Medizin zu ernähren und weitgehend auf Fleisch zu verzichten.

Gesagt, getan. Nach etwa zwei Jahren konsequenter Ernährung nach der 5-Elemente-Lehre hatte ich zwar noch Rheumawerte im Blut, lebte jedoch schmerzfrei und ohne rheumatische Symptome. Von da an war ich überzeugt, dass wir mit unserer Ernährung einen ganz entscheidenden Beitrag zu unserer Gesundheit leisten können. Per Zufall stieß ich zu dieser Zeit auf den von mir sehr geschätzten »Vollwertpapst« Dr. Max Otto Bruker

(1909 – 2001). Während die 5-Elemente-Ernährung nicht vegetarisch ist, empfiehlt Dr. Bruker zumindest schon den weitestgehenden Verzicht auf Fisch, Fleisch, Eier und Milchprodukte wie Quark und Joghurt. Ausdrücklich erlaubt ist bei seiner Ernährungsform die Verwendung von Butter und Sahne, da diese Nahrungsmittel überwiegend aus tierischem Fett und nicht aus tierlichem Eiweiß bestehen.

Ich bin mir jedoch sicher, dass selbst Dr. Bruker heute Butter und Sahne auf seinem Speiseplan zumindest überdenken würde, wenn er die neuesten wissenschaftlichen Erkenntnisse über die gesundheitlichen Auswirkungen der Kuhmilchprodukte noch erlebt hätte. Auf dieses Thema wird Herr Dr. Henrich im abschließenden Gesundheitsteil dieses Buches ab Seite 137 noch näher eingehen.

Beide Ernährungsformen, die 5-Elemente-Küche wie auch die Vollwertküche Dr. Brukers, fließen natürlich in meine vitalstoffreiche, vegane Kochkunst hinein. Ich verwende schon seit weit über 10 Jahren, also seit der Umstellung auf die 5-Elemente-Ernährung, ausschließlich biologisch erzeugte Lebens- und Nahrungsmittel. Mittlerweile kommt man auch wesentlich einfacher an diese Lebensmittel heran als noch vor einigen Jahren. In fast jedem größeren Dorf gibt es heutzutage Bioläden. Selbst Supermärkte und Lebensmittelketten verfügen über ein umfangreiches Bio-Sortiment. Nicht zu vergessen der Internet-Versandhandel, wo biologisch erzeugte vegane und auch makrobiotische Produkte völlig problemlos zu erwerben sind. Aber Sie können meine Rezepte natürlich auch mit Produkten kochen, die nicht aus biologischer Erzeugung stammen. Wenn es bei bestimmten Gerichten unbedingt erforderlich ist, biologisch erzeugte Produkte zu verwenden, dann steht es im Rezept ausdrücklich mit dabei, wie z. B. bei Zitronen und Orangen. Hier wird in meinen Rezepten oft die Schale verwendet, deshalb ist unbedingt auf den Kauf von unbehandelter Bio-Ware zu achten.

Vitalstoffreiche, vollwertige vegane Ernährung

Wenn man sich so intensiv mit Ernährung beschäftigt wie ich, bekommt man natürlich auch oft sonderbare Geschichten zu hören. In meinem privaten und beruflichen Umfeld erlebe ich immer wieder Menschen, die auf der Suche nach DER Ernährungsform und DEN Lebensmitteln sind, die JEDEN Menschen gesund und schlank halten. Jeder kennt irgendwelche Ernährungsformen, die man aus diesem und jenem Grund unbedingt leben sollte, damit man schlank wird und gesund bleibt. Andere wiederum wissen zu genau dieser Ernährungsform, warum man sie aus gesundheitlichen Gründen auf gar keinen Fall durchführen sollte. Die Verwirrung ist also sehr groß.

Beispielsweise habe ich schon sehr oft gelesen und gehört, von der veganen Ernährung könne man essen, so viel man wolle, und würde nicht dick werden. Leider muss ich Ihnen sagen: Ganz so einfach ist es nicht, denn nach dem Genuss von allzu vielen Lebensmitteln, die zwar vegan aber zugleich auch fett- und zuckerhaltig sind, kann man ebenfalls mit ungewollten Kilos kämpfen. Denn die Gesetze der Energiebilanz, also das Verhältnis zwischen der Energiezufuhr und dem individuellen Energieverbrauch eines Menschen, sind bei der veganen Ernährung natürlich nicht außer Kraft gesetzt. Wenn ich mehr zu mir nehme als ich den Tag über »verbrenne«, dann lege ich auch mit der veganen Ernährung an Gewicht zu. Was ich jedoch bestätigen kann, ist, dass man bei einer vollwertigen – und in normalen Mengen genossenen – veganen Ernährung nicht zunimmt und ein Übergewichtiger an Gewicht verliert bzw. sein Normal- oder Wunschgewicht erhält. Nach meiner Auffassung wäre die vitalstoffreiche, vollwertige vegane Ernährung daher die richtige für alle Menschen.

Richtig ist allerdings auch, dass es Menschen gibt, die bis ins hohe Alter gesund bleiben, obwohl sie sich ihr Leben lang von nicht-veganem Fast Food ernährt haben. Es gibt Menschen wie unseren Ex-Bundeskanzler Helmut Schmidt, der sich im Alter von über 90 Jahren einer Gesundheit erfreut, die man einem Kettenraucher unter normalen Umständen nicht zutraut. Wüsste ich heute, dass ich die Konstitution eines Helmut Schmidt hätte, würde ich mir den Tabak-Genuss vielleicht auch wieder gönnen. Aber da ich es nicht wissen kann, lasse ich es eben bleiben. Dann gibt es wiederum Menschen, die in ihrem Leben keinen Schluck Alkohol getrunken haben und trotzdem an einer Leberzirrhose leiden und daran sterben. Wieder andere sterben an Lungenkrebs, obwohl sie nie geraucht haben, und wieder andere essen täglich zu ihren drei Mahlzeiten noch Unmengen von ungesunden Süßigkeiten und haben dabei einen Stoffwechsel, bei dem sie ungerechterweise nicht einmal dick davon werden! Man könnte diese Liste ins Unendliche fortführen.

Ich glaube daher, dass jedes Individuum für sich selbst die Erfahrung machen muss, welche Lebensmittel in welcher Menge ihm und seiner Gesundheit am besten bekommen und welche nicht. Einige vertragen die vitalstoffreiche Gemüse- und Obst-

Rohkost nach Dr. Bruker, andere eher die gedünstete und gekochte Form z.B. der chinesischen 5-Elemente-Ernährung. Andere wiederum vertragen beides. Die einen vertragen Vollkornprodukte gut, die anderen bekommen Blähungen davon oder bevorzugen eben die ungesunde Weißmehl-Variante, weil sie ihnen einfach besser schmeckt. Ich denke, jeder ist anders und ist deshalb gefordert, für sich selbst herauszufinden, was ihm, seiner Gesundheit und seinem Körpergewicht guttut.

Wenn ich mich umschaue, so stelle ich immer wieder fest, dass von zehn Menschen mindestens acht zu dick oder sogar adipös sind. Besonders erschreckend ist das auch immer häufiger bei Kindern und Jugendlichen zu beobachten. Nach all meiner persönlichen Erfahrung glaube ich, dass die vitalstoffreiche fett- und zuckerarme Ernährung die einzig sinnvolle Ernährungsform ist, die jedem – unter eventueller Berücksichtigung von Nahrungsmittel-Allergien – guttut und in Verbindung mit Sport und Entspannung auch dauerhaft gesund, schlank und fit hält. Damit wäre auch der unsinnige Diäten-Wahn endlich beendet, und sowohl die Tiere als auch das Klima und die Umwelt werden es uns jeden Tag danken.

Wie klappt die Umstellung?

Wenn Sie sich noch nicht sicher sind, ob Sie sich dauerhaft vegan ernähren wollen, oder Sie sich vegan ernähren wollen, der Partner und/oder die Familie jedoch zunächst nicht, so empfehle ich Ihnen, den Kühlschrank in zwei Fächer zu teilen. In das nicht-vegane Fach gehören zunächst einmal alle Grundnahrungsmittel wie Butter, Sahne, Milch, Eier und deren Unterprodukte (Joghurt, Quark, Frischkäse, Käse) und natürlich weitere tierliche Produkte wie Wurst, Fleisch und Fisch.

Für Ihr veganes Fach besorgen Sie sich als Basics zunächst folgende Produkte, am besten im Bioladen:

Anstelle von Butter
Als Ersatz für Butter kaufen Sie sich eine vegane Margarine, z.B. von der Firma ALSAN. Diese hat in der Bio-Variante eine goldene Verpackung und in der Nicht-Bio-Variante eine grüne Verpackung. Beide sind vegan und frei von Transfetten, da sie auf Basis von Palm- und Kokosöl hergestellt werden, sowie frei von Milchbestandteilen, Cholesterin und sogar von Gluten sind.

Konventionelle Margarine besteht oft aus gehärteten Fetten, sogenannten Transfetten, und ist meist nicht frei von tierlichen Bestandteilen. Transfette sind extrem gesundheitsschädlich und haben fatale Folgen für den menschlichen Stoffwechsel. In Ländern wie z.B. Dänemark gibt es daher sogar eine gesetzlich festgelegte Obergrenze – ein Lebensmittel darf hier aus max. 2% Transfetten bestehen.

Alternativ zur ALSAN-Margarine gibt es auch noch andere vegane Margarinen, wie z.B. von den Firmen Rapunzel, Provamel, Sojola oder Deli.

Anstelle von (Kuh-)Sahne
Wenn Sie Sahne mögen, besorgen Sie sich bei Bedarf entweder Hafersahne, z.B. von der Firma Oatly, Mandelsahne, Kokossahne, Reissahne oder Sojasahne.

◄ Wenn nicht jeder in der Familie umstellen mag, hilt die Lebensmittel-Trennung.

▶ **Bei Lebensmitteln, die die Aufschrift »rein pflanzlich« tragen, sind Sie auf der sicheren Seite.**

Es gibt mittlerweile sogar Sprühsahne aus der Dose auf Sojabasis mit nur 11 % Fett (Firma Soyatoo) und eine auf Reisbasis. Kokos- und Sojasahne, z. B. von der Fa. Soyatoo, haben den Vorteil, dass sie sich auch aufschlagen lassen, sofern sie zuvor gut gekühlt aufbewahrt wurden.

Anstelle von Milch

Hier ist die Produktpalette im veganen Bereich recht groß: Mandelmilch, Reismilch, Hafermilch, Dinkelmilch, Kokosmilch und natürlich Sojamilch finden Sie inzwischen in nahezu jedem Supermarkt. Sojamilch hat den Vorteil, dass sie sich für Cappuccino oder Latte Macchiato hervorragend aufschäumen lässt.

Bei der Verwendung von Soja- oder Hafermilch in gängigen Rezepten, wie z. B. bei der Zubereitung von Kartoffelpüree, Hefezopf oder Vanille-Eis, hat noch keiner meiner nicht-veganen Gäste je einen Unterschied zur Kuhmilch-Variante bemerkt. Auch nicht auf ausdrückliche Nachfrage. Probieren Sie es einfach aus.

Anstelle von Ei

Was den Ei-Ersatz betrifft, so können Sie in vielen Ihrer herkömmlichen Rezepte die Eier einfach weglassen. Das hat in Bezug auf Konsistenz und Geschmack keinerlei Auswirkungen. Bei Backwaren kann man pro im Rezept vorgesehenem Ei einen Esslöffel Soja-

mehl und einen Esslöffel Mineralwasser als Ersatz verwenden. Dann gibt es noch den im Reformhaus erhältlichen »Ei-Ersatz«, dieser ist jedoch relativ teuer. Gut geeignet, aber ebenfalls recht teuer ist auch Pfeilwurzelkernmehl in Verbindung mit Wasser. Es gibt noch eine Methode, bei der das Endprodukt aussieht wie geschlagenes Hühnerei und für die man die Zutaten meist im Haus hat: Pro Ei vermischt man 2 Esslöffel Mehl mit 1 Esslöffel Backpulver und gibt 2 Esslöffel Sonnenblumenöl und 3 Esslöffel Wasser hinzu. Dann alles kräftig aufschlagen. Dieser Ei-Ersatz eignet sich besonders für Kuchenteige und Muffins.

Im Internet gibt es jede Menge Tipps und Tricks, um Eier zu ersetzen. Ich möchte diese hier nicht alle aufzählen, weil ich außer Sojamehl und Pfeilwurzelkernmehl in Verbindung mit Mineralwasser noch nie einen anderen Ei-Ersatz gebraucht habe. Insofern braucht man dieses Thema nicht unnötig zu verkomplizieren. Selbst die schwäbischen handgemachten Spätzle gelingen und schmecken vorzüglich vegan, während früher mindestens 5 Eier auf 500 g Mehl herhalten mussten.

Was den Ei-Ersatz, den Sahne-, Butter- und Milchersatz betrifft, so möchte ich generell dazu sagen, dass Sie schnell merken werden, dass Sie Kuhmilchprodukte und Eier absolut nicht zum Kochen und Backen benötigen.

Anstelle von Joghurt

Hier gibt es sehr schmackhafte Alternativen auf Sojabasis. Ich empfehle die Bio-Variante der Fa. Provamel. Es gibt leider auch Soja-Joghurtalternativen, die nicht völlig vegan sind. Das liegt daran, dass manche Firmen zum Kultivieren der – im »normalen« Joghurt aus Kuhmilch gewonnenen – Milchsäurebakterien leider weiterhin Laktose als Stoffwechselprodukt einsetzen. Vor dem Einkauf zu googeln lohnt sich also.

Anstelle von Wurst und Käse

Als Wurstersatz bekommen Sie im Handel eine unüberschaubare Menge an leckeren pflanzlichen Brotaufstrichen – auch vegane Wurst, Würstchen sowie Fleischalternativen auf Soja- oder Seitan-Basis – angeboten.

Wer sich vegan ernähren möchte und nicht auf Käse verzichten mag, findet zwischenzeitlich auch eine Vielzahl von Käse auf Soja-Basis, sogenannten »Veggie-Käse«. Es gibt sogar einen veganen Parmesankäse, der dem echten Parmesankäse im Geschmack verblüffend ähnlich ist. Wer sucht, wird also auch vegan fündig. Der vegane Käse ist übrigens nicht zu verwechseln mit dem sogenannten »Analog-Käse«, der eine Zeitlang in den Medien zu Recht in Verruf geraten ist. Der Analog-Käse enthält nämlich trotzdem Milcheiweiß und ist deshalb nicht vegan.

Ich persönlich halte von den Wurst-, Fleisch- und Käse-Ersatzprodukten wenig bis nichts. Ich brauche keine Ersatzprodukte für Käse und Fleisch, weil mir diese Nahrungsmittel wirklich nicht fehlen. Aber das bleibt jedem selbst überlassen. In meinen Kochrezepten finden Sie so gut wie keine Fleisch-, Wurst- und Käseersatzprodukte.

Ursprünglich sollten in diesem Buch überhaupt keine Sojaprodukte vorkommen. Ich habe bei meiner veganen Lebensweise sogar lange darauf verzichtet, weil ich Angst hatte, Sojaprodukte könnten gentechnisch verändert sein. Dr. Ernst Walter Henrich hat mir bei meinem ersten Besuch bei sich in der Schweiz diese Angst genommen. Herr Dr. Henrich meinte, er hätte sogar eine Freude daran, ein Preisgeld für denjenigen auszusetzen, der in einem deutschen, österreichischen oder Schweizer Bio-Soja-Produkt Spuren von Gentechnik fände.

Bekannt ist, dass 98 % des konventionellen Soja-Anbaus gentechnisch verändert sind. Über 90 % dieser gentechnisch manipulierten Soja-Produkte finden sich allerdings im Futter der Nutztiere, die sich Fleisch-Esser auf diesem Wege nebenbei einverleiben, was ihnen oft nicht bewusst ist.

Seit meinem Gespräch mit Herrn Dr. Henrich verwende ich mit großer Leidenschaft auch Bio-Soja-Produkte, allen voran Tofu natur und Räuchertofu, aus denen sich wunderbare Gerichte zaubern lassen. Allerdings gilt hier zu beachten, dass ein zu großer Konsum von Sojaprodukten auch bedenklich werden kann. Wie bei allem gilt also auch hier das richtige Maß als entscheidend. Vor allem Männer sollten Sojaprodukte aufgrund der darin enthaltenen Östrogene nicht in Unmengen verzehren.

Worauf sollte man bei Lebensmitteln noch achten?

Brot und Backwaren Beim Einkauf von Brot müssen Sie aufpassen, dass dieses auch wirklich milch-, ei- und quarkfrei ist und dass die Bäckerei das Blech nicht mit Butter einfettet. Am besten fragen Sie Ihren Bäcker nach veganen Brotsorten. Übrigens sind die beliebten Laugenbrezeln und Laugenbrötchen oft nicht vegan, weil diese oft mit Schweineschmalz hergestellt werden. Auch hier sollten Sie Ihren Bäcker sicherheitshalber fragen.

Nudeln Nudeln sind meist ohnehin eifrei und bestehen aus Weizen- oder Dinkelgrieß. Ein Blick auf die Liste der Inhaltsstoffe genügt.

Mehl In meinen Rezepten empfehle ich manchmal die Verwendung von frisch gemahlenem Mehl, welches ich selbst fast ausschließlich zum Kochen und Backen verwende. Dies setzt natürlich den Besitz einer Getreidemühle voraus. Wenn Sie keine Getreidemühle besitzen, können Sie natürlich jedes andere Mehl benutzen. Die Rezepte gelingen damit genauso gut. Frisch gemahlenes Vollkornmehl hat den Vorteil, dass es noch die meisten wertvollen Vitalstoffe besitzt, während gemahlenes Getreide, also Mehl, in Verbindung mit Sauerstoff binnen zwölf Stunden die meisten wertvollen Vitalstoffe verloren hat.

Makrobiotische Zutaten Sehr gerne, aber in diesem Kochbuch doch eher selten, benutze ich zum Kochen und Backen auch makrobiotische Zutaten, wie z. B. das wunderbar zum Süßen geeignete Reis- oder Gerstenmalz, die sehr gesunde Speisestärke Kuzu oder Mirin, Shoyu, Tamari usw. Wer makrobiotische Zutaten scheut, findet in meinen Rezepten immer eine nicht-makrobiotische Alternative. Den makrobiotischen Zutaten ist auf Seite 21 auch aufgrund des fürchterlichen Atomunglücks in Fukushima ein eigener Abschnitt mit dem Titel »Keine Angst vor makrobiotischen Zutaten« gewidmet, da diese Produkte überwiegend aus der japanischen Küche, nicht aber unbedingt direkt aus Japan stammen.

Sonstige spezielle Zutaten benötigen Sie für den Start in die vegane Ernährung eigentlich nicht. Pflanzenöle wie Olivenöl, Rapsöl, Sonnenblumenöl, Sesamöl, Erdnussöl, Sojaöl, Kürbiskernöl usw. sowie sämtliche Gewürze und Kräuter können Sie verwenden wie bisher. Bitte beachten Sie jedoch die Erhitzbarkeit der von Ihnen verwendeten Öle. Olivenöl sollten Sie nie zu hoch erhitzen, Rapsöl sollten Sie gar nicht erhitzen. Diese an sich äußerst gesunden Öle enthalten mehrfach ungesättigte Fettsäuren, die bei zu hohem Erhitzen zu ungesunden Transfetten werden, die Ihren Gefäßen extremen Schaden zufügen können.

Da dieses Buch sehr vollwertig und vitalstoffreich ausgerichtet ist, empfiehlt sich, anstelle von weißem Zucker Ahornsirup, Vollrohrzucker, Rohrzucker oder das bereits erwähnte Reis- oder Gerstenmalz zu verwenden. Honig findet in der veganen Küche übrigens auch keine Verwendung, denn schließ-lich wird er von fleißigen Bienen erzeugt und stellt eigentlich deren Winterfutter dar, das ihnen der Mensch nimmt und durch Zuckerwasser ersetzt.

Welche Küchengeräte braucht man?

Für die vegane Ernährung brauchen Sie keine besonderen Küchengeräte im Vergleich zur nicht-veganen Ernährung. Ich selbst besitze auch nur wenige Geräte. Unbedingt notwendig ist ein Sparschäler zum Schälen von Kartoffeln und Gemüse. Ich selbst schäle Gemüse wie (Bio-)Karotten und (Bio-)Gurken nie. Auch (Bio-)Kartoffeln essen mein Mann und ich meistens mit der Schale. Natürlich wird das Gemüse vorher gut gewaschen. Aber das bleibt jedem selbst überlassen. Der Sparschäler eignet sich auch hervorragend, um Zitronenzesten (Schalen) und Orangenzesten herunter zu schneiden, die man anschließend fein hacken oder in Streifen (sogenannte Julienne-Streifen) schneiden kann.

Praktisch ist auch eine Vierkantreibe, z. B. von der Firma WMF. Mit ihr kann man Karotten und Äpfel reiben, Gurken hobeln, Zitronen- und Orangenschale reiben usw.

Natürlich benötigen Sie auch Schöpflöffel, am besten in zwei Größen, mindestens einen Pfannenwender aus Kunststoff und/oder Holz sowie einen Schneebesen. Einen Schaumlöffel benötigen Sie auf jeden Fall dann, wenn

Sie Nudeln und schwäbische Spätzle selber zubereiten. Als ordentliche Schwäbin besitze ich natürlich auch eine Spätzlepresse!

Natürlich hat auch jeder Koch ein Lieblingsmesser. Ich besitze lediglich vier Messer, mit denen ich prima auskomme. Ich habe ein spezielles Tomatenmesser, ein kleines und ein großes Universalmesser für Gemüse, Obst und alle anderen Zwecke sowie ein spezielles Brotmesser. Damit komme ich wunderbar klar.

Nicht missen möchte ich auf jeden Fall meinen Zauberstab von der Firma ESGE, dessen Anschaffung ich jedem nur ans Herz legen kann. Es gibt zahlreiche Zubehörteile, jedoch reichen mir der Zerkleinerer, das Multimesser und die Schlagscheibe völlig aus. Der Zerkleinerer ist ein Plastikgefäß, in dem man z. B. Kräuter fein mahlen kann oder vor allem auch Nüsse und Mandeln. Ich kaufe immer ganze Nüsse und Mandeln und mahle sie selbst, weil ich dann – ohne einem Lebensmittelhersteller etwas unterstellen zu wollen – sicher sein kann, dass in meinen gemahlenen Haselnüssen auch wirklich nur Haselnüsse enthalten sind! Auch der relativ grobe Vollrohrzucker und Schokolade lassen sich problemlos fein mahlen. Die Schlagscheibe eignet sich z. B. für Sahne und das Multimesser für Suppen, Brotaufstriche usw. Ich liebe dieses Küchengerät!

Ein Handrührgerät ist sowieso in jedem Haushalt erforderlich, obwohl ein guter Zauberstab eigentlich auch die meisten

▶ **Im Wok lassen sich ganz fix leckere Gemüsegerichte zubereiten.**

Aufgaben eines Handrührgeräts erfüllen kann. Es schadet aber sicher nicht, einen zu besitzen.

Wie bereits erwähnt, besitze ich auch eine Getreidemühle mit Flockenquetsche der Fa. Schnitzer und würde diese wirklich nicht missen wollen.

Jahrzehntelang habe ich mich gegen einen Sicomatic-Schnellkochtopf gewehrt. Ich bin aber heute über diese Anschaffung sehr froh, weil Kartoffeln oder Rote Bete tatsächlich in der halben Zeit auf gesunde Art und Weise gar gekocht werden können. Ein Dampfgarer tut im Grunde dasselbe, benötigt aber etwas mehr Zeit. Wer beides nicht besitzt, kann das Gemüse auf die herkömmliche Art in kochendem Wasser blanchieren.

Ansonsten ist die Anschaffung eines Woks sinnvoll. Fast schon luxuriös wäre dann noch die Anschaffung einer Tajine. Wer beides nicht hat, kann meine Rezepte auch einfach in einer hochwandigen Pfanne zubereiten.

Extrem charmant ist der Besitz einer Eismaschine. Die Anschaffung ist nicht teuer, und Eis gelingt auch vegan mit Sojaprodukten ausgesprochen lecker.

Zum Abschluss möchte ich ausdrücklich betonen, dass ich bei den von mir empfohlenen Bezugs-Firmen in meinen Rezepten und Küchengeräten weder

eine Sponsoring-Anfrage gestellt habe noch ein solche angeboten bekam, geschweige denn annehmen würde. Die Firmennamen sollen lediglich den Einsteigern unter Ihnen eine Hilfestellung beim Einkauf sein. Ich möchte mir stets auch die Freiheit erhalten, neu entdeckte bessere Produkte und Geräte empfehlen zu können.

10 »doofe« Fragen –
und schlagfertige Antworten

Ich finde es super, dass Sie sich dazu entschieden haben, auf vegane Ernährung umzustellen oder sich zumindest mit der veganen Ernährung zu beschäftigen – bei vielen Ihrer Mitmenschen werden Sie aber vermutlich jetzt als großer Exot gelten. Häufig bekommt man interessante Fragen gestellt, oft wird man jedoch auch mit Vorurteilen konfrontiert. Hier meine »Top 10« der Fragen, die Ihnen sicher auch bald über den Weg laufen.

1. Wie bitte deckst du denn deinen Eiweißbedarf?

Wir benötigen gar nicht so viel Eiweiß, wie wir immer meinen. Die »tierische Eiweißmast« ist ja gesundheitlich sogar eine große Gefahr, wie Dr. Henrich auf Seite 140 erklärt!
Der Eiweißbedarf beläuft sich auf 0,8 Gramm je Kilogramm Körpergewicht. Mein Tagesbedarf liegt somit z. B. bei rund 40 g. Das ist sehr einfach mit Hülsenfrüchten (z. B. Linsen, Bohnen, Erbsen, Zuckerschoten), Sojaprodukten (Sojamilch, Sojajoghurt, Tofu etc.), Vollkornprodukten, Pilzen und vor allen Dingen auch Nüssen, Samen und Kernen zu decken. Auch Obst und Gemüse enthalten in geringen Mengen Eiweiß. Anstelle von Soja gibt es tolle Produkte auf Lupine-, Dinkel- oder Weizenbasis. Den Eiweißbedarf zu decken ist also überhaupt kein Problem. Es gibt somit keinen Grund, sich aus Angst vor Proteinmangel mit tierischen Produkten zu ernähren. Diese Frage wird mir übrigens am häufigsten gestellt, vor allem von den »LowCarb«- und »Metabolic-Balance«-Fans, die sich in ihrem Diät-Wahn nahezu kohlenhydratfrei ernähren, was auf Dauer ebenfalls krank machen kann.

2. Magert man durch vegane Ernährung nicht total ab?

Vegan zu essen ist keine Mangelernährung und folglich auch keine Abmagerungskur. Wenn man also genug isst, besteht die Gefahr sicher nicht. In unserer Wohlstands- und Überflussgesellschaft mit überwiegend übergewichtigen Menschen dürfte dies mit Sicherheit auch nicht die Sorge sein. Wer sich vollwertig vegan ernährt, hat keine Gewichtsprobleme – und wenn doch, dann liegt das nicht am veganen Essen, sondern am übermäßigen Genuss von zucker- und fetthaltigen Speisen.

3. Also, ich könnte auf Fleisch, Fisch und Käse nie und nimmer verzichten. Da isst du doch sicher total einseitig und immer das Gleiche?

Im Gegenteil: Seit ich vegan esse, esse ich so abwechslungsreich und bunt wie nie zuvor. Überlegen Sie doch mal: Wenn man in den Supermarkt geht, kauft man doch immer das Gleiche, oder? Man geht zu den Backwaren und kauft sein Brot und seine Brötchen. Dann geht's zum Käsestand, wo man aus Hunderten von Käsesorten immer die fünf bis zehn gleichen auswählt. Ähnlich an der Fleisch- und Wursttheke. Auch dort kauft man jede Woche im Grunde das Gleiche. Im Kühlregal wählt man die Milch aus zig Marken und Fettanteilen aus, die Joghurts aus x-verschiedenen Sorten und Herstellern usw. – im Grunde kauft man doch jede Woche denselben Stampf aus einem unüberschaubaren, meist viel zu großen Angebot.
Seit ich jedoch vegan lebe, ernähre ich mich total abwechslungsreich aus saisonalen Obst- und Gemüsesorten in Verbindung mit Nudeln, Reis, Kartoffeln, Getreide und veganen Ersatzprodukten. Mir fehlt es an Genuss überhaupt nicht. Ich finde, ich habe mich eher früher mit tierlichen Produkten einseitig und langweilig ernährt.

4. Vegetarier – ok. Aber vegan? Ohne Milchprodukte? Vor allem ohne Parmesankäse? Und Kaffee ohne Milch! Nein, das geht ja mal gar nicht!

Doch, das geht sogar hervorragend. Bei meinem Entschluss, mich vegan zu ernähren, gab es spontan einen Einwand: Ich kann auf alles verzichten, aber nicht auf Parmesan zu meinen Spaghetti und Milch im Kaffee. Aber seit ich meine Spaghetti-Saucen nicht mehr mit Parmesan zupampe, schmecke ich endlich die Tomaten, Kapern, Oliven, Pilze und frischen Kräuter – all die tollen Zutaten. Also, ich vermisse Parmesan absolut nicht, auch wenn es anfangs zugegebenermaßen auch für mich unvorstellbar gewesen ist.

Der Kaffee schmeckte mir persönlich nach einer kurzen Umgewöhnungsphase schwarz sogar besser als mit Milch. Eine sehr gute Alternative zu Kuhmilch ist Sojamilch, die sich übrigens sogar prima für Latte Macchiato und Cappuccino aufschäumen lässt.

5. Was tust du dir denn aufs Brot, wenn nicht Wurst und Käse?

Veganer Brotbelag ist viel abwechslungsreicher als immer nur Wurst und Käse. Es gibt unzählige tolle Brotaufstriche auf pflanzlicher Basis zu kaufen. Noch besser schmecken allerdings die selbstgemachten, die sehr einfach und schnell zuzubereiten sind. Im Übrigen esse ich gar nicht mehr so viel Brot, seit ich vegan esse.

Für diejenigen, die an den Geschmack und die Konsistenz von Wurst und Käse erinnert werden wollen, gibt es inzwischen unendlich viele Wurst- und Käseersatzprodukte auf veganer Basis.

6. Fleisch zu essen gehört doch aber schon seit Jahrtausenden zu unserer Kultur und Tradition?

Krieg gibt es auch schon immer – folgt daraus aber auch, dass wir nicht mehr dagegen kämpfen sollten? Nein, natürlich nicht. Traditionen sollten auch immer wieder auf ihre Richtigkeit hinterfragt und gegebenenfalls eben einfach aufgegeben werden. Dass etwas, nur »weil es immer schon so war«, auch immer so sein muss, ist natürlich kein hinreichendes Argument, um unseren Umgang mit anderen leidensfähigen Lebewesen in irgendeiner

---

> ## WISSEN
>
> ### Körpergeruch ade!
>
> Ein sehr angenehmer Nebeneffekt der veganen Ernährung ist, dass man keine übelriechenden Ausdünstungen mehr hat. Der Körper schwitzt natürlich noch, aber der Schweiß hat keinen unangenehmen Geruch mehr. Auf Deo kann man mit der Zeit verzichten.

Form zu rechtfertigen. Wir haben früher auch Sklaven gehalten und Frauen unterdrückt. Auch das war nicht in Ordnung, und man hat es in vielen Kulturkreisen abgeschafft.

7. Es entspricht einfach dem natürlichen Kreislauf, dass der Bär den Lachs isst und der Lachs andere kleine Fische, dass die Katze Mäuse frisst und der Fuchs Enten und Hasen

… und damit soll man rechtfertigen, dass der Mensch auch Tiere essen soll und darf? Ich wette, dass 99,9 % aller Fleischesser kein Fleisch essen würden, wenn sie das Tier selbst fangen, jagen, töten, schreien hören und bluten sehen müssten!

8. Aber man hört doch auch immer wieder, dass die Pflanzen eine Seele haben und leiden?

Genau! Nach dem Motto: Wenn der Blumenkohl Augen hätte, die uns erschrocken anstarren, wenn wir ihn aus dem Boden ziehen… Der Blumenkohl und andere Pflanzen leisten im Gegensatz zu Tieren jedoch keinen Widerstand. Ich bin deshalb der Meinung, dass man seinen Fleischverzehr nicht mit solchen »Argumenten« rechtfertigen sollte.

Ich jedenfalls esse nichts mehr, was Augen und eine Mutter hat. Wem das noch nicht weit genug geht und wer allzu großes Mitleid mit den armen Pflanzen hat, kann übrigens Fruktarier werden. Diese verzehren nur Früchte und Gemüse, die man ernten kann, ohne dabei die dazugehörige Stammpflanze zu beschädigen.

9. Von veganer Ernährung bekommt man doch sicher ganz viele Mangelerscheinungen

Eine vitalstoffreiche, vollwertige vegane Ernährung ist nach neuesten wissenschaftlichen Erkenntnissen sogar die gesündeste Ernährung überhaupt. Kontrollieren muss man einzig und allein seinen Vitamin-B_{12}-Spiegel. Da kann es zu Mangelerscheinungen kommen – bei Fleischessern jedoch übrigens genauso wie bei Veganern.

Auch Prominente wie Brad Pitt, Martina Navratilowa, Nena, Prince, Thomas D von den Fanta 4 oder Bill Clinton, um nur wenige lebende Beispiele zu nennen, ernähren sich vegetarisch oder vegan!

10. Darf denn ein Veganer überhaupt Schmetterlinge im Bauch haben?

Aber natürlich, und wie!

Vegan unterwegs

Wenn man als »veganer Neuling« außer Haus isst, mag das anfangs noch etwas Unsicherheit erzeugen: Finde ich in meinen Lieblingsrestaurants jetzt überhaupt noch etwas? Vergraule ich meinen Freundeskreis mit Sonderwünschen? Mit ein bisschen Know-how umschiffen Sie diese Probleme elegant.

Essen im Restaurant

Eher selten findet man rein vegane Restaurants, es sei denn man wohnt in Berlin – oder auch in Stuttgart, wo es inzwischen ein (übrigens sehr beliebtes) veganes Restaurant gibt. In den allermeisten »normalen« Restaurants bekommt man aber, auch ohne extra zu fragen, vegane Gerichte à la carte. Beim Italiener findet man meist Spaghetti mit Tomatensauce und frischem Basilikum, ein Pilz-Risotto, Spaghetti mit Trüffel, einen Artischockensalat, leckeres Pizzabrot, vegetarische Pizza ohne Käse und Ei und vieles mehr. Um wirklich sicherzugehen, dass es sich hier um vegane Gerichte handelt, sollte man sich vergewissern, ob tatsächlich keine Butter und kein Käse Verwendung findet, und darum bitten, dass die Zubereitung wirklich nur mit Oliven- oder Pflanzenöl erfolgt. Nach meiner Erfahrung funktioniert das prima.

Am einfachsten ist es in Restaurants und Hotels, wenn es ein Buffet gibt. Dort finde ich als Veganer immer etwas zum Sattwerden! Aber auch hier empfiehlt es sich, im Zweifel zu fragen, ob tierliche Produkte enthalten sind.

Beim Mexikaner, Chinesen, Japaner, Inder, Thailänder etc. habe ich bisher fast immer vegane Gerichte auf der Speisekarte gefunden, selbst wenn diese nicht als vegan oder vegetarisch bezeichnet waren. Auch hier empfiehlt sich immer die Nachfrage, ob tatsächlich keine tierischen Produkte wie Käse, Butter, Sahne etc. verwendet werden.

In einem mexikanischen Restaurant habe ich einmal partout kein veganes Gericht auf der Speisekarte gefunden und wollte deshalb den Käse und den Sauerrahm bei einem vegetarischen Gericht abbestellen. Zunächst hieß es, das gehe nicht. Nach einigem Hin und Her sagte ich dem Kellner eben, dass ich allergisch sei gegen tierisches Eiweiß, und er möge doch bitte den Koch persönlich fragen, sonst könne ich hier leider nicht essen! Kurze Zeit später eilte der Koch höchstpersönlich an meinen Tisch, und selbstverständlich ging es dann plötzlich doch vegan. Er bot sogar an, anstelle des Käses Tofu zu verwenden. In der Not kann man sich also auch mal mit einer Allergien-Notlüge weiterhelfen, da werden die meisten Köche schnell hellhörig und vorsichtig.

Sehr gute Erfahrungen habe ich bei Essenseinladungen sowohl im geschäftlichen Bereich als auch im Kollegen-, Bekannten- und Freundeskreis gemacht, wenn ich die entsprechenden Lokale 2 – 3 Tage vorher telefonisch oder per E-Mail kontaktiert und gefragt habe, ob es möglich sei, bei ihnen vegan zu essen. Ich erkläre vorsichtshalber immer kurz, dass vegan »ohne Fisch, Fleisch, Eier und ohne Milchprodukte wie Sahne, Butter und Käse« heißt, um sicherzugehen, dass man mich nicht mit einem Vegetarier verwechselt.

Es gab noch kein einziges Lokal, das nicht freundlich mit mir umgegangen wäre und mir nicht vorab zugesichert hätte, dass es kein Problem sei, vegan zu essen. Entweder kamen schon vorab Vorschläge per E-Mail oder es wurde mir mitgeteilt, dass es kein Problem sei, am Tisch vegan zu bestellen. Einmal habe ich es erlebt, dass man für mich ein Waldpilz-Risotto mit Gemüse-Ratatouille vorbereitet hatte und sich erkundigte, ob es denn recht sei? Nachdem ich bejaht hatte, wollten einige Nicht-Veganer sofort das Gleiche haben!

Essenseinladungen bei Freunden oder Familienangehörigen

Am einfachsten ist es wohl, wenn man zum Grillen eingeladen wird. Jeder Gastgeber ist meiner Erfahrung nach froh, wenn der Veganer sein Grillgut selbst mitbringt. Vegane Beilagen-Salate und Brote gibt es eigentlich immer. Ansonsten sind Salatspenden bei Grillfeten ohnehin auch herzlich willkommen! Ich habe schon oft in vorheriger Abstimmung mit dem Gastgeber einige Gemüse-Tempeh-Ananas-Spieße

oder Ähnliches mehr gemacht und den Fleischessern angeboten. Die Begeisterung und Anerkennung war bei allen überaus groß.

Nicht vergessen sollte man seine eigene Alu-Grillschale. Schließlich will man als Veganer nicht, dass das vegane Grillgut auf dem Grillrost mit dem Schweinesteak in Berührung kommt. Verständnis findet man bei den Fleischessern nach meiner Erfahrung jedoch häufig nicht, wenn man seinen veganen Gemüsespieß nicht auf demselben Grillplatz liegen haben möchte, wo vorher ein fleischiges Steak lag. Es ist mir absolut nicht verständlich, aber ich wurde schon für nahezu geistesgestört angesehen, weil ich das nicht wollte. Um sich und den Freunden den Abend nicht unnötig mit solchen Diskussionen zu verderben, empfehle ich, dass man seine vegane Grillschale selbst möglichst unauffällig bei einer netten Unterhaltung mit dem Grill-Meister beaufsichtigt. Gerne wird sonst auch mal kurz eine Grillwurst oder ein Fleischstück mitten auf dem veganen Grillgut zwischengelagert! Ganz aus dem Schneider ist man, wenn man sein Grillgut gänzlich in Alufolie verpackt. Da kann dann gar nichts passieren.

Wenn ich bei Fleischessern eingeladen bin, die nicht auf meine Ernährungsform eingehen wollen oder können, bringe ich mein Essen selbst mit und bin »wenigstens« mit anwesend – die Variante gefällt mir persönlich allerdings am wenigsten, weil ich dann bei Tisch der Sonderling und Andersartige bin und von nichts anderem mehr die Rede ist als davon, warum und weshalb ich nun vegan esse. Diese Diskussionen können dann leicht stressig werden – und zwar für alle Beteiligten. Ich kenne aber auch Veganer/-innen, bei denen das eine gängige Alternative ist, weil sich die Freunde oder Angehörigen schon seit Jahren an diesen Zustand gewöhnt haben.

Am einfachsten für mich ist es natürlich, wenn ich den Spieß umdrehe und Freunde oder Familie zu mir einlade und sie vegan bekoche. Das funktioniert, ist aber auf Dauer nicht die Lösung, weder für die Gäste noch für die Gastgeber. Für die ersten »Rechtfertigungs-Konversationen« ist es allerdings durchaus zu empfehlen. In diesem Zusammenhang erlebte ich auch einmal etwas ganz erstaunlich Tolles: Die Freunde, die ich zum Essen einladen wollte, sagten: »Vegan? Absolutes Neuland für uns! Aber es kann ja nicht sein, dass wir ab sofort immer nur zu euch kommen – wir möchten, dass ihr zu uns kommt und du uns beim veganen Kochen hilfst!« – Zunächst dachte ich: Von null auf hundert vegan kochen, das kannst du keinem zumuten! Aber ich nahm das Angebot dennoch an. Wir telefonierten vorher und besprachen, was wir kochen und wer was besorgen würde. Das war ein riesiger Spaß und alle waren neugierig und glücklich – es war ein richtig toller Abend.

Und wenn alle Stricke reißen, einigt man sich eben auf einen gemeinsamen Besuch im Restaurant – schließlich geht es um das nette Zusammensein und nicht um das Essen. Dann kann jeder essen, was er will.

Unterwegs im Büro, im Auto, auf Tages- oder Kurzreisen

Hier wird jeder selbst im Laufe der veganen Zeit kreativ. In der Not gibt es überall rohes Obst, Gemüse und Vollkornbrot zu kaufen. Mittlerweile gibt es auch viele vegane Snacks und Riegel für unterwegs, zum Beispiel im Bioladen oder veganen Versandhandel.

Ich persönlich bin den ganzen Tag außer Haus und köchle mir morgens in etwa 15 Minuten ein schönes Gericht. Ich schnipple dazu frisches Marktgemüse klein, wie Paprika, Pilze, Brokkoli, usw., oft auch zusätzlich etwas Tempeh, Tofu oder Seitan, nehme ein Stück frischen Ingwer, eine Chilischote, Sojasauce, Kurkuma oder Garam Masala sowie ein wenig frische oder getrocknete Kräuter und dünste das Ganze in einer Pfanne kurz an. Dann mische ich es mit Nudel- oder Reisresten oder bereite nebenher ein wenig Hirse, Quinoa oder Reisnudeln zu, was ja in kürzester Zeit ohne nennenswerten Aufwand geschehen ist. Alles vermischt ergibt das einen herrlichen Salat, den ich immer abgekühlt esse, weil ich unterwegs keine Möglichkeit zum Erwärmen habe. Für die meisten hört sich das nach absolutem Stress am Morgen an. Ist es aber

nicht, bzw. ich bin es mir eben wert, für eine gesunde Mahlzeit 15 Minuten früher aufzustehen.

Bei Hotelübernachtungen habe ich es schon erlebt, dass es keine Möglichkeit gab, vegan zu frühstücken. Für alle Fälle habe ich bei Hotelübernachtungen dann immer eine oder mehrere Portionen »MorgenStund« von P. Jentschura in einer kleinen Tupperdose oder einem Tütchen dabei. MorgenStund gibt es im Internet oder im Reformhaus zu kaufen. Vermutlich gibt es auch vergleichbare Produkte von anderen Firmen. Dieser Hirse-Buchweizen-Brei mit Früchten und Samen lässt sich mit ein wenig kochendem Wasser zubereiten und mit frischen Früchten toll erweitern. Kochendes Wasser bekommt man im Hotel oder in der Pension wirklich immer. Diesen Brei frühstücke ich grundsätzlich auch im Ski- und Wanderurlaub, weil der Körper damit mit allem Notwendigen versorgt wird. Für den veganen Hunger zwischendurch und beim Sport hat sich bei mir Studentenfutter durchgesetzt.

Natürlich kann man nun einwenden, weshalb man als VeganerIn ein Hotel buchen sollte, das keine Möglichkeit zum veganen Frühstücken oder Essen bietet. Privat, als Urlaubsreisende, habe ich das natürlich selbst in der Hand. Da steht es mir auch frei, eine Ferienwohnung zu buchen und mich selbst zu versorgen. Aber manchmal ist es eben der Fall, dass ich zeitweise auf Seminaren oder Geschäftsreisen bin, wo ich die Hotelbuchung nicht immer selbst in der Hand habe.

Mit der Zeit findet wirklich jeder Veganer heraus, wie man sich immer und überall problemlos mit rein pflanzlicher Kost ernähren kann. Da das vegane Angebot dank ständig erhöhter Nachfrage wächst, wird es auch mit der Zeit immer leichter und leichter.

Keine Angst vor makrobiotischen Zutaten

Makrobiotik – was ist denn das? Denken Sie mal kurz an Ihren letzten Besuch im Sushi-Restaurant zurück, und schon haben Sie ein Beispiel aus der makrobiotischen Küche: die schwarzen Nori-Algen, die oft für Sushigerichte verwendet werden.

Geht man rein nach der Definition, bedeutet Makrobiotik die »Kunst des langen Lebens« (griech.: makros = groß, lang; bios = Leben), und als solche ist sie

ein Ableger des chinesischen Zen-Buddhismus. Der Begriff Makrobiotik, der auf den griechischen »Ärztevater« Hippokrates zurückgeht, taucht bereits beim Leibarzt Goethes, Christoph Wilhelm Hufeland (1762 – 1836), auf.

George Oshawa (bürgerlicher Name Yukikazu Sakurazawa, 1892 – 1966) begründete die moderne Makrobiotik, die in stark überarbeiteter Form heute von Michio Kushi (geb. 1926) vertreten wird. In meinen Rezepten empfehle ich in manchen Fällen die Verwendung makrobiotischer Zutaten, die ich hier gerne näher beschreiben möchte.

Kuzu Kuzu ist ein Stärkemehl, das aus der Wurzel der Kuzu-Pflanze gewonnen wird. Dieses Wundermittel wird dank seiner vielen heilsamen Eigenschaften seit jeher in der fernöstlichen Heilkunde auf vielfältigste Weise angewendet. Es ist eine der feinsten Speisestärken und hervorragend zum Eindicken von Saucen, Suppen, Salatdressings, Gelees, Puddings etc. geeignet.

Mirin Mirin ist ein natürlicher Kochwein aus Süß-Vollreis zum Würzen, der viele Aminosäuren und Vitamine enthält. Mirin unterstützt die Verdauung und Verwertung der Nahrung und fördert dank der enthaltenen Enzyme aktiv die Gesundheit. Der Alkoholgehalt von 14 % verdampft beim Kochen. Mirin rundet jedes Gericht ab und eignet sich hervorragend für die Zubereitung von Pfannengerichten, Salatmarinaden, Suppen, Desserts, Gemüse etc.

Nori-Algen Nori-Algen sind auch bekannt als Sushi-Algen, bestimmt haben Sie sie daher schon einmal gesehen oder sogar selbst verspeist. Es sind schwarze geröstete Blätter, die reich an Vitamin A, B, Eisen und Jod sind. Sie bestehen zu 35,6 % aus Eiweiß und sind somit eiweißhaltiger als Sojaprodukte, Fisch oder Fleisch. Sie eignen sich zum Rollen von Sushi und als Suppeneinlage. Im Handel bekommt man sie auch als Nori-Flocken. Diese kann man über Suppen, Gemüse oder Salate streuen.

Reismalz und Gerstenmalz In der Makrobiotik wird Reismalz und Gerstenmalz zum Süßen empfohlen, weil es im Gegensatz zu Einfachzuckern keine Blutzuckersprünge verursacht. Es ist hervorragend zum Kochen und Backen geeignet. In der Handhabung ist es einfacher, wenn man es leicht erwärmt. Ich verwende Reismalz für die süßeren Backwaren, Desserts und Müslis und Gerstenmalz eher für die »herberen« Gerichte wie Salatsaucen, Suppen und Gemüse, wo man sowieso nur mit einer geringen Menge einen Akzent setzt.

Shiro Miso Das milde Reismiso aus geschältem Reis und Sojabohnen ist ein cremiges, süß-salziges Würzmittel. Es verfeinert Suppen, Pürees, Dressings, Saucen und feines Gemüse anstelle von Sahne. Köstlich ist es auch zum Überbacken oder pur als Brotaufstrich.

Shoyu und Tamari Shoyu ist eine milde Sojasauce auf Weizenbasis. Shoyu ist nicht so salzig, wegen des Weizens jedoch für Allergiker und Menschen, die an Zöliakie leiden, ungeeignet. Tamari hingegen ist eine salzige und würzigere Sojasauce ohne Weizen.

Tempeh Tempeh ist ein hochwertiges Sojabohnenprodukt und sogar cholesterinfrei. Ursprünglich aus Indonesien wird es mittlerweile auch in Europa hergestellt. Tempeh enthält u. a. Eisen, Folsäure, Kalzium, Zink, Magnesium und Niacin. Die für Tempeh verwendeten Sojabohnen werden enthülst, mit einer Pilzkultur (Rhizopus) vermengt, gekocht und dann für 1 – 2 Tage künstlich erwärmt. Die Pilzkultur hält die Sojabohnen zusammen, sodass sich eine feste Form bildet. Tempeh ist vielseitig verwendbar, z. B. in Scheiben mariniert zum Braten und Grillen, als Suppeneinlage oder auch in Tomatensauce zu Spaghetti.

Umeboshi-Aprikosen/-Paste Über die hervorragenden medizinischen Heilkräfte der Umeboshi-Aprikose lohnt es sich wirklich mal zu googeln! Umeboshi-Aprikosen kann man pur essen und sie sind vielseitig verwendbar. Geschmacklich ersetzen kann man sie durch Meersalz und ggf. etwas Zitronensaft. Die Umeboshi-Paste ist leichter zu handhaben und eignet sich auch als Brotaufstrich, hat aber längst nicht die gesundheitlichen Eigenschaften wie die Umeboshi-Aprikosen selbst.

Ume Su Ume-Essig, oder auch Ume-Würze genannt, ist eine salzig-saure Würze aus dem Saft der fermentierten Umeboshi-Aprikosen oder -Pflaumen. Es kann wie Essig für Salatdressings, Saucen oder Eintöpfe verwendet werden und unterstützt die Verdauung.

Wakame Wakame ist ein langes, dünnes, grünes, kalziumreiches Meeresgemüse, das für die Zubereitung von Misosuppe verwendet wird. Es eignet sich auch für Salate oder als Würzmittel.

Nach den Ereignissen in Fukushima kann es bedenklich sein, makrobiotische Produkte zu kaufen, obwohl nicht alle Zutaten immer aus Japan stammen müssen. Zum Beispiel hat die Firma Arche (www.arche-naturprodukte.de) ein umfassendes und unabhängiges Kontrollsystem für ihre Produkte aufgebaut. Ihre Kontrollen gehen weit über die gesetzlichen EU-Kontrollen hinaus. Alle Arche-Produkte werden zusätzlich in einem Labor auf mögliche Belastungen geprüft. Die Firma Arche akzeptiert bei den Untersuchungsergebnissen auf Strahlung keine Veränderungen zum Status vor dem 11. März 2011. Nur Produkte mit Analysen unter der Nachweisgrenze werden in den Handel gebracht, sonst werden diese aus dem Sortiment genommen. Zumindest war dies zum Zeitpunkt des Entstehens dieses Buches der Fall. Ich meine, dass man deshalb guten Gewissens weiterhin die tollen japanischen Produkte in seinen Speiseplan integrieren kann.

Lass das Schwein leben – Rezepte

Leckere Köstlichkeiten vom Frühstück bis zum Festmenü – 100% vegan! Gerne können Sie meine Rezepte natürlich auch nur als Anregung nutzen und sie selbst kreativ abwandeln. Viel Spaß dabei!

Apfel-Hafer-Müsli

Lässt sich kalt oder warm zubereiten.

▶ **Für 2 Personen**

⊘ **10 Min.**

1 Birne · 1 Apfel · 1 EL Zitronensaft · 1 EL Ahornsirup ·
250 ml Soja- oder Hafermilch · 4 EL Haferflocken ·
2 TL gehackte Nüsse (Haselnüsse oder Walnüsse) ·
Erdbeeren zum Garnieren

- Birne und Apfel waschen, entkernen und in kleine Würfel
  schneiden. In eine Müslischüssel geben und mit Zitronensaft und Ahornsirup vermischen.
- Für ein warmes Müsli die Milch in einem Topf erhitzen und
  die Haferflocken mit einem Schneebesen einrühren, bis
  die Milch köchelt. Unter ständigem Rühren kurz köcheln
  lassen, bis eine sämige Konsistenz entsteht.
- Die Milch über das Obst geben, mit gehackten Nüssen
  bestreuen und mit Erdbeeren garnieren.
- Für ein kaltes Müsli die Milch und die Haferflocken unter
  das Obst rühren und mit Nüssen bestreuen. Mit Erdbeeren
  garnieren und servieren.

▶ **Variante**

Anstelle von gehackten Nüssen kann man auch Nussmus
(z. B. von der Fa. Rapunzel) verwenden. Anstelle von Birne
und Apfel kann man jedes saisonale frische Obst verwenden, wie Johannisbeeren, Brombeeren, Pfirsiche ...

Frischkornbrei nach Dr. Max Otto Bruker

Die wohl vitalstoffreichste und gesündeste Art zu frühstücken.

▶ **Für 2 Personen**

🕙 **10 Min. + 5 – 12 Stunden Einweichzeit**

6 EL Sechskorn-Getreidemischung: Weizen, Roggen, Hafer, Gerste, Hirse und Buchweizen – im Reformhaus erhältlich · 2 Äpfel · 2-4 EL Soja-, Reis- oder Hafersahne · 1 EL Ahornsirup · nach Belieben ca. 2 EL Sonnenblumenkerne · geröstete Kürbiskerne, Walnüsse, Haselnüsse oder auch Rosinen

- Die Getreidekörner am Vorabend in der Getreidemühle, mit dem Mixer oder in einer Kaffeemühle grob schroten, mit Leitungswasser bedecken, umrühren, zudecken und über Nacht bei Zimmertemperatur (nicht im Kühlschrank!) quellen lassen. Die Wassermenge ist so bemessen, dass nach der Quellung nichts weggegossen werden muss.
- Die Äpfel waschen und reiben. Den Frischkornbrei unter die geriebenen Äpfel mischen und mit Sahne und Ahornsirup vermischen. Zum Abschluss nach Belieben die Kerne, Nüsse oder Rosinen untermengen.

▶ **Variante**

Je nach morgendlichem Appetit kann man natürlich auch noch eine in Scheibchen geschnittene Banane oder andere Früchte untermengen.

Tipp

Geriebener Apfel macht den Frischkornbrei auch ohne Zugabe von Flüssigkeit schön luftig. Die Sahne kann man auch weglassen, wenn man kalorienbewusst leben will. Das Getreide sollte nie auf Vorrat, sondern immer frisch gemahlen werden. Damit enthält es die meisten Vitalstoffe.

Granatapfel-Cashew-Müsli

Granatapfel ist ein Multi-Gesundheitstalent!

▶ **Für 2 Personen**

🕙 **10 Min.**

1 Granatapfel · 1 große Banane · 4 EL Haferflocken · 4 EL Cashewkerne · 2 EL Ahornsirup · 200 g Sojajoghurt

- Das Fruchtfleisch aus dem Granatapfel lösen und in eine Schüssel geben. Die Banane schälen und in Scheiben darüber schneiden.
- Haferflocken, Cashewkerne, Ahornsirup und Sojajoghurt darüber geben, alles gut miteinander vermischen.
- Das Müsli in zwei Müslischalen verteilen und servieren.

Tipp

Auf der Internetseite »Youtube« gibt es hilfreiche Filme, wie man das Fruchtfleisch des Granatapfels ganz leicht herauslösen kann.

Apfel-Nuss-Joghurt mit Haferflocken

Ideal für Frühstücksmuffel, da sehr leicht und bekömmlich.

▶ **Für 2 Personen**

⊙ **5 Min.**

2 Äpfel · 1 Banane · 4 EL Haferflocken · 250 g Sojajoghurt · 2 TL Nussmus (oder nach Belieben auch mehr)

- Äpfel waschen und mit der Rohkostreibe raffeln. Banane schälen und in feine Scheiben schneiden.
- Die Haferflocken, den Sojajoghurt und das Nussmus untermischen und servieren. Köstlich!

TIPP

Bei Verdauungsschwäche kann man auch noch 1–2 EL Leinsamen oder Flohsamen untermischen. Dann muss man anschließend aber mindestens ¼ Liter Wasser trinken, damit die Samen im Darm quellen können.

Reis-Frühstück

Superlecker und ideal, wenn man Reis vom Vortag übrig hat.

▶ **Für 2 Personen**

⊙ **10 Min.**

1 großer Apfel (oder Birne) · 1 Banane · etwas Wasser · 1 TL Reismalz (z. B. Fa. Arche) oder 1 EL Nussmus (z. B. Fa. Rapunzel) · 3 TL Rosinen · 1 Msp. Anispulver · 1 Msp. Salz · 200 g gekochter Reis (vom Vortag) · 150 g Sojajoghurt · 2 EL gehackte Mandeln oder Nüsse · ½ TL veganes Kakaopulver

- Apfel waschen, vierteln, das Kerngehäuse entfernen und in Würfel schneiden. Banane schälen und in etwa 1 cm dicke Scheiben schneiden.
- In einem Topf mit etwas Wasser das Obst kurz andünsten. Reismalz und Rosinen untermischen, Anis und Salz hinzufügen. Den Reis und Joghurt unterrühren und den Brei in zwei Müslischalen füllen.
- Die Mandeln oder Nüsse in einer Pfanne ohne Fett kurz rösten, bis sie zu duften beginnen, und über das Müsli geben. Mit dem Kakao bestreuen und genießen.

Beerenmüsli

Lässt sich gut vorbereiten,
ideal auch nach dem Frühsport!

▶ **Für 2 Personen**

⊙ **10 Min. + mindestens ½ Stunde
Kühlzeit**

2 EL Haferflocken · 2 EL Rosinen ·
50 ml Sojamilch · 250 g Sojajoghurt ·
1 EL Ahornsirup · 1 säuerlicher Apfel ·
150 g Beeren (Johannisbeeren,
Heidelbeeren, Brombeeren) · 50 g
Sojasahne

– Haferflocken, Rosinen und Milch
in eine Schüssel geben. Alles miteinander vermischen und mindestens
eine halbe Stunde oder über Nacht
kühl stellen. Anschließend mit
dem Joghurt und dem Ahornsirup
mischen.

– Den Apfel, waschen, entkernen und
in feine Würfel schneiden oder
raspeln. Die Beeren waschen und
zusammen mit den Apfelstücken
zum Haferflocken-Joghurt-Brei
geben.

– Die Sojasahne mit dem Handrührgerät oder Zauberstab kurz aufschlagen und untermengen.

Apfel-Nuss-Smoothie

Nussmus ist eine wertvolle
Eiweißquelle.

▶ **Für 2 Personen**
⊙ **5 Min.**
2 Äpfel · 1 Banane · 2 EL Nussmus
(z. B. von Fa. Rapunzel) · 400 ml
Sojamilch · 100 g Sojajoghurt

- Äpfel waschen, entkernen und in
  kleine Stücke schneiden. Banane
  schälen und in Scheiben schneiden.
- Bananenscheiben und Apfelstücke
  zusammen mit dem Nussmus
  pürieren. Die Sojamilch und den
  Sojajoghurt untermengen, noch
  mal kurz aufschlagen und genießen.

Tipp

Anstelle von Sojamilch können
Sie auch andere pflanzliche Milch-
alternativen verwenden. Besonders köstlich ist Mandelmilch.

Brombeer-Joghurt

Lässt sich mit vielen saisonalen
Früchten zubereiten.

▶ **Für 2 Personen**
⊙ **5 Min.**
1 Banane · 200 g Brombeeren ·
400 ml Sojamilch · 100 g Sojajoghurt ·
4 Blättchen frische Pfefferminze

- Die Banane schälen und in Scheiben
  schneiden. Zusammen mit den
  Brombeeren pürieren, die Sojamilch und den Sojajoghurt untermengen.
- Alles noch einmal kurz aufschlagen
  und mit Pfefferminzblättchen garnieren.

Guacamole

Ideal für Morgenmuffel, da
Avocados gute Laune machen.

▶ **Für 2 Personen**
⊙ **15 Min.**
1 Schalotte · 1 kleine halbe Knoblauchzehe (optional) · 1 TL Olivenöl ·
1 reife Avocado · 1 TL Zitronensaft ·
1 kleine Tomate · 1 kleine Pfefferschote · 6 Stängel Petersilie · Salz ·
Pfeffer · 1 Msp. Korianderpulver

- Schalotte und Knoblauchzehe
  schälen, fein hacken und in Öl kurz
  glasig dünsten. Anschließend etwas
  abkühlen lassen.
- Avocado von der Schale lösen,
  das Fruchtfleisch mit einer Gabel
  zerdrücken, in eine kleine Schüssel
  geben und mit dem Zitronensaft
  beträufeln.
- Die Tomate und die Pfefferschote
  waschen und sehr fein würfeln.
- Petersilie waschen, fein hacken und
  zusammen mit den Tomaten- und
  Pfefferschoten-Würfeln unter die
  Avocadocreme mischen. Mit Salz,
  Pfeffer und Korianderpulver abschmecken. Die gedünstete Schalotte und den Knoblauch untermengen und sofort servieren.

Guten-Morgen-Salat

Hervorragend zum Mitnehmen –
wetten, dass die Kollegen Sie beneiden?

▶ **Für 2 Personen**
🕐 **15 Min. + 20 Min. Ruhezeit**
1 reife Avocado · 1 Orange · 1 Kiwi · 75 g frische Datteln ·
75 g Sojajoghurt · 1 Msp. Vanillepulver · ½ TL Reismalz oder
Ahornsirup · 1 EL Zitronensaft

- Avocado schälen und das Fruchtfleisch in Scheiben
  schneiden. Orange schälen, filetieren und in grobe Stücke
  schneiden. Die Kiwi schälen und in halbe Scheiben
  schneiden. Datteln längs halbieren, die Kerne entfernen
  und eventuell die harte Haut abziehen. Ebenfalls grob
  zerkleinern und zum Obst geben.
- Joghurt, Vanillepulver, Reismalz und Zitronensaft in einer
  separaten Schüssel vermischen und über den Obstsalat
  gießen. Umrühren und im Kühlschrank etwa 20 Minuten
  durchziehen lassen.

Tipp
Eine leckere Zuckervariante ist übrigens der »Kokos-
blüten-Zucker«. Er bietet Energie und Nährstoffe,
die im Körper erst nach und nach freigesetzt werden.

Herzhaftes 5-Elemente-Frühstück

Mit der Kraft der 5 Elemente starten Sie super
in den Tag!

▶ **Für 2 Personen**
🕐 **10 Min. + Kochzeit Hirse**
½ Tasse Hirse (Erde) · 2 große Tomaten (Holz) · 100 g
Räuchertofu (Erde) · 10 schwarze Oliven (Wasser) · ¼ TL
Kurkuma (Feuer) · Meersalz oder Tamari (Wasser) · schwarzer
frisch gemahlener Pfeffer (Metall) · frische Kräuter nach
Belieben (sind meistens im Feuer-Element)

- Die Hirse nach Packungsanleitung garen.
- Die Tomaten waschen und in Würfel schneiden. Den Tofu
  ebenfalls in Würfel schneiden. Oliven halbieren und ggf.
  entkernen.
- Alles zusammen mit Kurkuma, Salz oder Tamari und Pfeffer unter die Hirse mischen. Die frischen Kräuter waschen,
  fein hacken und untermengen.

Tipp
Wer es etwas schärfer mag oder zum Frieren neigt, kann
auch eine fein gehackte Peperoni oder frisch geriebenen
Ingwer hinzufügen.

Auberginen-Brotaufstrich

Die Aubergine ist das mediterrane Trendgemüse im Sommer.

▶ **Für 2 Personen**

🕙 **10 Min. + 30 Min. Ruhezeit**

1 kleine Aubergine · Meersalz · 1 Frühlingszwiebel · 1 kleine Knoblauchzehe · 3 Stängel Petersilie · 2–3 EL Olivenöl · Paprikapulver extrascharf (oder edelsüß)

– Die Aubergine waschen, trocknen, in dicke Scheiben schneiden und auf beiden Seiten mit viel Salz bestreuen, damit die Scheiben beim Backen später nicht so viel Öl aufsaugen. 30 Minuten beiseite stellen, anschließend mit kaltem Wasser abspülen und mit Küchenkrepp trocken tupfen.

– Die Frühlingszwiebel waschen und in sehr feine Ringe schneiden. Knoblauch schälen und fein hacken. Petersilie waschen und fein hacken.

– Zwei Esslöffel Öl in einer Pfanne auf mittlerer Stufe erhitzen, die Auberginenscheiben hineinlegen und von beiden Seiten braten, bis sie weich sind und eine schöne Bräune haben. Aus der Pfanne nehmen und auf Küchenkrepp legen, damit sie das überschüssige Öl abgeben.

– Einen Teelöffel Öl erhitzen, Frühlingszwiebel und Knoblauch hineingeben und in etwa 3 Minuten glasig braten.

– Die Auberginenscheiben zusammen mit der Frühlingszwiebel und dem Knoblauch grob pürieren. Anschließend Petersilie und Paprikapulver untermengen, ggf. noch etwas nachwürzen und am besten mit frischem Baguette genießen.

Avocado-Paprika-Cashew-Aufstrich

Dieser Brotaufstrich schmeckt einfach göttlich!

▶ **Für 2 Personen**

🕙 **10 Min.**

80 g Cashewkerne (oder Cashew-Bruch, das ist günstiger) · 1 reife Avocado · ½ – 1 TL frisch gepresster Zitronensaft · ½ TL Thymian getrocknet · schwarzer frisch gemahlener Pfeffer · Meersalz · 1 rote Paprikaschote

– Die Cashewkerne mit dem Mörser grob zerstoßen und in ein hohes Gefäß geben. Avocado halbieren, den Stein herauslösen. Mit einem Teelöffel das Fruchtfleisch herausschaben, etwas zerkleinern und zu den Cashewkernen geben. Zitronensaft und Gewürze hinzufügen und mit dem Zauberstab pürieren.

– Die Paprikaschote waschen, das Kerngehäuse entfernen und in kleine Stücke schneiden. Zu der Avocado geben, nochmals kurz durchpürieren und am besten mit frischem Vollkornbrot genießen. Die Paprika kommt übrigens deshalb erst am Schluss dazu, weil sie bei zu starkem Pürieren mit dem Zauberstab bitter wird.

Tofu-»Rührei«

Der Seidentofu gibt dem Gericht die notwendige Feuchtigkeit.

- Zwiebel schälen und in fein hacken. Den Räuchertofu zuerst in dünne Scheiben, dann die Scheiben in Streifen und die Streifen schließlich in kleine Würfel schneiden. Tofu natur auf einem Teller mit der Gabel zerdrücken. Seidentofu in große grobe Würfel schneiden (vorher in einem Sieb kurz abtropfen lassen).
- Sprossen in ein Sieb geben, heiß abbrausen und abtropfen lassen. Tomaten waschen und in feine Würfel schneiden. Schnittlauch waschen und in feine Röllchen schneiden.
- Das Öl in einer Pfanne erhitzen, Zwiebel und Räuchertofu unter Rühren etwa 4 Minuten bei guter Hitze anbraten. Es entsteht ein speckähnlicher Geruch.
- 2 EL Tamari unterrühren und den zerdrückten Natur-Tofu untermischen. Etwa 8 Minuten unter Rühren anbraten. Den Kurkuma, den Seidentofu und die Tomatenwürfel untermengen und alles noch einmal kurz unter ständigem Wenden durchbraten. Zum Schluss die Sprossen untermischen und kräftig mit Salz und Pfeffer abschmecken. Da Tofu kein Salz und keinerlei Gewürze enthält, braucht hier am Salz nicht gespart zu werden.
- Auf flachen Tellern anrichten und mit dem Schnittlauch bestreut servieren.

▶ **Für 2 Personen**
🕑 **20 Min.**

1	Zwiebel
125 g	Räuchertofu
150 g	Tofu natur
150 g	Seidentofu
1	Handvoll Sprossen (nach Belieben)
2	kleine Tomaten
½	Bund Schnittlauch
1 EL	Olivenöl
2 EL	Tamari
1 EL	Kurkuma
	Meersalz
	schwarzer Pfeffer

Rote-Bete-Suppe

Unverzichtbar, wenn es frische Rote Bete gibt!

▶ **Für 2 Personen**
⊙ **15 Min. + 30 Min. Kochzeit**

250 g frische Rote Bete · 1 Karotte · 1 Schalotte · ½ Knoblauchzehe (optional) · 1 kleine Stange Lauch · 2 EL Olivenöl · 400 ml Gemüsebrühe · je ½ EL Thymian und Majoran · Salz · Pfeffer

Zum Verfeinern: 2 EL Soja oder Hafersahne sowie 1 EL frisch geriebener Meerrettich oder Kokosflocken

- Die Rote Bete und die Karotte unter fließendem Wasser mit der Gemüsebürste waschen und anschließend in kleine Würfel schneiden. Schalotte und Knoblauch schälen und fein hacken. Lauch längs halbieren, waschen und in feine Ringe schneiden.
- In einem Topf das Olivenöl erhitzen und die Schalotte, den Knoblauch und die Lauchringe kurz anschwitzen. Gemüsewürfel hinzufügen und unter Rühren 5 Minuten anbraten.
- Mit Gemüsebrühe auffüllen und etwa 30 Minuten bei geringer Hitze zugedeckt köcheln lassen, bis das Gemüse weich ist. Anschließend mit dem Zauberstab pürieren und mit Thymian, Majoran, Salz und Pfeffer würzen.
- Auf 2 Teller verteilen und je einen Esslöffel Sahne darüber geben und je einen Teelöffel frisch geriebenen Meerrettich. Wer es nicht so scharf mag, kann ersatzweise (bitte nicht zusätzlich) Kokosflocken verwenden.

Buchweizensuppe mit Gemüse

Buchweizen ist eine Heilpflanze und kein Getreide, deshalb auch glutenfrei.

▶ **Für 2 Personen**

🕐 **30 Min.**

100 g Buchweizen · 1–2 Schalotten · 1 kleine Karotte · 1 kleine Pastinake · 1 Stange Staudensellerie · 1 kleine Stange Lauch · 6 Stängel Petersilie · frischer oder getrockneter Liebstöckel · 2 EL Olivenöl · 500 ml Gemüsebrühe (evtl. etwas mehr) · Meersalz · schwarzer Pfeffer · 1–2 EL Tamari

- Den Buchweizen heiß abspülen und gut abtropfen lassen.
- Schalotten schälen und fein hacken. Karotte und Pastinake waschen und fein würfeln.
- Staudensellerie und Lauch waschen und in feine Ringe schneiden. Petersilie und Liebstöckel fein hacken. Wenn Sie frischen Liebstöckel verwenden, benötigen Sie etwa 1 Esslöffel, bei getrocknetem Liebstöckel genügt 1 Teelöffel.
- Buchweizen ohne Fett in einem Topf rösten, Öl und Zwiebel dazugeben und ebenfalls anrösten. Mit der Gemüsebrühe ablöschen, das Gemüse außer dem Lauch dazugeben und 10–15 Minuten leicht köcheln lassen.
- Anschließend Lauch und Kräuter in die Suppe geben und mit Salz, Pfeffer und Tamari abschmecken.

Dreikorn-Tomaten-Suppe

Frische Kräuter geben der Suppe ein reizvolles Aroma.

▶ **Für 2 Personen**

🕐 **35 Min.**

Je 30 g Naturreis, Grünkern und Buchweizen · 1 Zwiebel · 1 Knoblauchzehe · 2 EL Olivenöl · 500 ml Gemüsebrühe · 300 g Tomaten · ½ Bund Schnittlauch · ½ Bund Basilikum · ein paar Zweige Thymian und Majoran (ersatzweise auch getrocknet) · etwas Meersalz

- Grünkern und Buchweizen in der Getreidemühle grob schroten und mit dem Reis vermischen. Die Zwiebeln und den Knoblauch sehr fein würfeln.
- Das Öl in einem Suppentopf erhitzen und die Zwiebeln und den Knoblauch darin glasig braten. Schrot hinzufügen, unter ständigem Rühren 2–3 Minuten braten, dann mit der Gemüsebrühe aufgießen und alles etwa 15 Minuten bei schwacher Hitze kochen lassen.
- Währenddessen die Tomaten kreuzweise am Strunk mit dem Messer einschneiden, mit kochendem Wasser überbrühen, häuten und in Würfel schneiden. Zur Suppe geben und etwa 5 Minuten leicht mitkochen lassen.
- Kräuter waschen, trocken tupfen und fein schneiden und am Ende der Kochzeit in die Suppe geben. Mit Meersalz abschmecken und servieren.

Fenchel-Kartoffelsuppe mit Tomaten

Südländisch anmutende, leicht bekömmliche Suppe.

▶ **Für 2 Personen**

⊙ **35 Min.**

1 Schalotte · 1 kleine Knoblauchzehe · 150 g Fenchel mit Grün · 200 g mehlig kochende Kartoffeln · 250 g reife Tomaten · 2 EL Olivenöl · 500 ml Gemüsebrühe · je eine Prise frisch gemahlener Koriander, Salz und weißer Pfeffer

- Schalotte und Knoblauch schälen und sehr fein würfeln. Fenchelknolle waschen, trocken tupfen und in etwa ½ cm breite Streifen schneiden. Fenchelgrün waschen und beiseite stellen.
- Kartoffeln waschen, schälen und würfeln. Tomaten kreuzweise am Strunk mit dem Messer einschneiden und mit kochendem Wasser überbrühen, häuten und in Würfel schneiden.
- Olivenöl in einem Suppentopf erhitzen, Schalotte und Knoblauch darin glasig braten, die Fenchelstreifen und Kartoffelwürfel zugeben und unter ständigem Wenden 5 Minuten braten.
- Gemüsebrühe, Koriander, Salz und Pfeffer hinzufügen und alles zugedeckt 15 Minuten bei schwacher Hitze kochen lassen. Dann die Tomaten hinzufügen und die Suppe noch mal 5 Minuten kochen lassen.
- Zum Schluss mit dem zurückbehaltenen Fenchelgrün bestreuen und servieren.

Japanischer Nudeltopf mit Soba-Nudeln

Genießen Sie das herzhaft-nussige Aroma der köstlichen Soba-Nudeln.

▶ **Für 2 Personen**

⊙ **15 Min.**

100 g japanische Soba-Buchweizen-Spaghetti (z. B. Fa. Arche) · Salz · 1 kleines Stück frischer Ingwer · 1 kleine Karotte · 1 kleiner weißer Rettich (etwa 50 g) · 50 g Zuckerschoten · 100 g Tofu natur · 1–2 Frühlingszwiebeln · 350 ml Gemüsebrühe · 3 TL Sherry (medium) · 1 TL Tamari · ½ TL Reis- oder Gerstenmalz · 1 EL frisch geriebener Meerrettich (oder Kren, das ist frisch geriebener Meerrettich aus dem Glas, erhältlich im Supermarkt)

- Die Nudeln in reichlich Salzwasser gemäß Packungsanleitung al dente kochen, abseihen und gleichmäßig auf 2 Suppenschüsseln verteilen.
- Den Ingwer schälen und fein hacken oder auf einer Ingwerreibe reiben. Sie brauchen davon einen halben Teelöffel voll. Die Karotte und den Rettich waschen und jeweils in dünne Scheiben schneiden. Die Zuckerschoten waschen und ganz lassen. Tofu etwas abtropfen lassen und in nicht zu kleine Würfel schneiden. Frühlingszwiebel waschen und in feine Ringe schneiden.
- Gemüsebrühe mit Sherry, Tamari, Reis- oder Gerstenmalz und Ingwer zum Kochen bringen. Karotten, Rettich, Zuckererbsen und Tofu hinzufügen und etwa 3 Minuten bei mäßiger Hitze köcheln lassen.
- Gemüse und Tofu mit einem Schaumlöffel aus der Suppe heben und auf die Nudeln geben. Die Brühe darüber gießen und mit Frühlingszwiebeln und Meerrettich bestreut servieren.

Borschtsch

Eine köstliche und gesunde russische Spezialität.

▶ **Für 2 Personen**
⏱ **70 Min.**

250 g rote Bete
　　　max. 150 g Suppengrün
　　　(Petersilie, kleine Karotte,
　　　kleiner Lauch, kleines Stück
　　　Sellerieknolle, evtl. etwas
　　　Petersilienwurzel)
　　1 Zwiebel
　　1 Knoblauchzehe
130 g Weißkohl
130 g Kartoffeln
1 – 2 EL Sonnenblumenöl
500 ml Gemüsebrühe
¼ TL Ahornsirup
　　1 Lorbeerblatt
　　3 schwarze Pfefferkörner
　　1 Nelke
¼ TL gemahlener Kreuzkümmel
　　　Meersalz
　　1 Tomate
　　3 Zweige frischer Dill
　　　Salz
1 EL Obstessig
　　　frisch gemahlener Pfeffer

- Die Rote Bete und das Suppengrün waschen, putzen, trocken tupfen und in kleine Würfel schneiden. Zwiebel und Knoblauch schälen und fein hacken. Weißkohl waschen und in feine Streifen schneiden. Kartoffeln waschen, schälen und würfeln.
- In einem Suppentopf das Sonnenblumenöl erhitzen und die Rote Bete und das Suppengrün darin anschmoren. Brühe angießen und ca. 20 Minuten köcheln lassen.
- Zwiebel, Knoblauch, Kohl, Kartoffel, Ahornsirup, Lorbeerblatt, Pfefferkörner, Nelke, Kreuzkümmel und Salz zugeben und weitere 30 Minuten bei schwacher Hitze köcheln lassen.
- Tomate kreuzweise am Strunk einschneiden, mit kochendem Wasser überbrühen, häuten und in Würfel schneiden. Den Dill waschen, trocken tupfen und die Blättchen abzupfen.
- 10 Minuten vor Ende der Garzeit die Tomatenwürfel hinzufügen. Die fertige Suppe mit Salz, Obstessig und Pfeffer abschmecken. Mit frischem Dill bestreuen und servieren.

Tipp

Aufgrund der tollen roten Farbe ist diese Suppe auch der Partyrenner oder eine Mitternachtssuppe für Silvester! Nehmen Sie dazu einfach von allem etwa die vierfache Menge.

Kalte Gurken-Joghurt-Suppe

An heißen Tagen eine besondere Erfrischung.

▶ **Für 2 Personen**

◉ **15 Min. + 1 – 2 Stunden Ruhezeit**

½ Salatgurke · 1 kleine Schalotte · ½ Bund Petersilie · ½ Bund Dill · 8 Basilikumblätter · 250 ml Gemüsebrühe · 150 g Sojajoghurt · Meersalz · Pfeffer · 1 Msp. Cayennepfeffer · zum Garnieren: etwas Dillspitzen und 1 Msp. Cayennepfeffer

- Gurke waschen und in kleine Würfelchen schneiden. Schalotte schälen und fein würfeln. Kräuter waschen, trocken tupfen und fein hacken. Gurke, Schalotte, Kräuter und Brühe mit dem Zauberstab pürieren.
- Sojajoghurt, Salz, Pfeffer und Cayennepfeffer zugeben, alles noch mal kurz durchpürieren und 1 – 2 Stunden kalt stellen.
- Die Suppe in Schälchen oder Gläsern anrichten und eventuell mit Dillspitzen und etwas Cayennepfeffer garnieren. Dazu passt ein frisches Baguette.

Karottensuppe mit Shiro-Miso

Aus der makrobiotischen Küche, gelingt leicht.

▶ **Für 2 Personen**

◉ **30 Min.**

1 kleine Zwiebel · 1 kleines Stück Ingwer · 300 g Karotten · 1 Orange · 1 – 2 EL Sesamöl · 400 ml Gemüsebrühe · ½ TL Meersalz · 2 EL Shiro Miso (z. B. Fa. Arche) · 2 TL Nori-Flocken (z. B. Fa. Ruschin) · ersatzweise Petersilie

- Zwiebel schälen, halbieren und in halbe Ringe schneiden. Ingwer schälen und fein hacken oder auf einer Ingwerreibe reiben. Karotten waschen und in kleine Stücke schneiden. Orange zu Saft pressen.
- Sesamöl in einem Topf erhitzen, die Zwiebeln kurz anbraten, Karotten hinzufügen und unter ständigem Rühren kurz mitbraten. Gemüsebrühe angießen, Salz hinzufügen und alles etwa 20 Minuten köcheln lassen.
- Die Suppe pürieren, Orangensaft und Shiro-Miso unterrühren, nochmals kurz erhitzen und mit den Nori-Flocken bestreut servieren (Nori-Flocken sind Algen und enthalten viel Jod. Mehr zu makrobiotischen Zutaten erfahren Sie ab Seite 21).

Paprika-Suppe

Mild oder feurig – ganz nach Ihrem Geschmack.

▶ **Für 2 Personen**

◉ **25 Min.**

1 grüne Paprikaschote · 1 rote Paprikaschote · 1 gelbe Paprikaschote · 1 Schalotte · 1 Knoblauchzehe · 1 – 2 EL Olivenöl · 300 ml Gemüsebrühe · 2 EL Soja- oder Hafersahne · Meersalz · 1 – 2 Msp. Cayennepfeffer · 1 – 2 Msp. Curry · ½ – 1 TL Zitronensaft

- Paprika waschen, entkernen und in kleine Würfel schneiden. Schalotte und Knoblauch schälen und sehr fein schneiden.
- Schalotte und Knoblauch in einem Topf in mäßig heißem Öl goldgelb anbraten, Paprika hinzufügen und zugedeckt bei schwacher Hitze im eigenen Saft weich dünsten.
- Ist dies geschehen, ein wenig von der Gemüsebrühe hinzufügen und das Gemüse mit dem Zauberstab fein pürieren. Anschließend die Suppe mit der restlichen Gemüsebrühe zur gewünschten sämigen Konsistenz verlängern.
- Sahne hinzufügen, kurz aufkochen lassen, vorsichtig mit Meersalz, Cayennepfeffer, Curry und Zitronensaft würzen und abschmecken.

Kürbissuppe mit Zitronenmelisse

Himmlisch fruchtige leichte Suppe.

▶ **Für 2 Personen**

🕑 **30 Min.**

1 Schalotte oder eine kleine Zwiebel · 1 kleine Knoblauchzehe · 1 kleines Stück Ingwer · 500 g Hokkaido-Kürbisfleisch ·
1 EL Sonnenblumenöl · 400 ml Gemüsebrühe · 2 cm Zimtstange · Salz Pfeffer · Cayennepfeffer · Curry · Saft einer
halben Orange · 1 Sträußchen Zitronenmelisse (ersatzweise
Petersilie)

▬ Schalotte und Knoblauch schälen und sehr fein würfeln.
Ingwer schälen und fein schneiden oder auf einer Ingwerreibe reiben. Den Kürbis waschen, halbieren, die Kerne im
Innern mit einem Esslöffel entfernen. Fleisch und Schale
in kleine Würfel schneiden.

▬ Öl in einem Topf erhitzen, Schalotte und Knoblauch kurz
anbraten, Ingwer und Kürbis hinzufügen und unter Rühren kurz anbraten. Die Gemüsebrühe und die Zimtstange
hinzufügen und etwa 15 Minuten leicht köcheln lassen,
bis das Kürbisfleisch weich ist.

▬ In der Zwischenzeit die Zitronenmelisse waschen, die
Blättchen abzupfen und in feine Streifen schneiden.

▬ Anschließend die Zimtrinde aus der Suppe entfernen. Die
Suppe mit einem Zauberstab pürieren und mit Salz, Pfef-
fer, einem Hauch Cayennepfeffer und Curry würzen, den
Orangensaft hinzufügen und noch mal kurz erhitzen. Zum
Schluss die Zitronenmelisse unterrühren und mit frischem
Brot servieren.

Tipp

Nicht nur wenn Gäste kommen, können Sie die Suppe
noch toppen, wenn Sie sie mit gerösteten Kürbiskernen
bestreuen und ein wenig Kürbiskernöl darüber träufeln.

Mexikanisches Bohnen-Chili

Bohnen gelten dank ihrer wertvollen Inhaltsstoffe
als Jungbrunnen für den Körper.

▶ **Für 2 Personen**

🕑 **1,5 Stunden**

1 kleine Zwiebel · 1 rote Paprikaschote · 1 Knoblauchzehe ·
½ TL Koriandersamen · ¼ TL Kreuzkümmelsamen · 1 EL Öl ·
½ TL Oregano · ½–1 TL Chilipulver · 1 EL Tomatenmark ·
300 g stückige Tomaten aus der Dose · ½ TL Gerstensirup
oder Zucker · ½ TL Meersalz · 70 g schwarze Bohnen und
70 g weiße Bohnen aus der Dose · 200 ml Gemüsebrühe ·
½ Bund frischer Koriander

▬ Die Zwiebel schälen und fein hacken. Paprika waschen,
entkernen und in kleine Stücke oder Streifen schneiden.
Den Knoblauch schälen und fein hacken, Koriander- und
Kreuzkümmelsamen im Mörser zerstoßen.

▬ In einem ausreichend großen Topf das Öl erhitzen, Zwiebel
und Paprika etwa 5 Minuten unter Rühren bei mäßiger
Hitze anbraten, dann den Knoblauch, die Koriander- und
Kreuzkümmelsamen sowie den Oregano hinzufügen und
unter Rühren etwa 30 Sekunden braten. Chilipulver und
Tomatenmark zugeben und eine weitere Minute garen.

▬ Tomatenstücke, Gerstensirup (oder Zucker), Salz, die Bohnen und die Brühe hinzufügen, aufkochen und bei geschlossenem Deckel bei mäßiger Hitze etwa 45 Minuten
köcheln lassen. Gelegentlich umrühren.

▬ Den Koriander waschen und fein hacken. Sobald die Suppe
fertig ist, in Suppenschalen füllen und mit reichlich Koriander bestreut servieren.

Tomaten-Basilikum-Suppe

Diese mediterrane Suppe zaubert Sommer auf den Tisch.

▶ **Für 2 Personen**

🕑 **25 Min.**

400 g Fleischtomaten · 1 Schalotte · 1 Knoblauchzehe · 2 frische Basilikumzweige · 2 EL Olivenöl · 2 EL Tomatenmark · 1 Lorbeerblatt · etwas frisches Selleriekraut · 100 ml Gemüsebrühe · 100 ml Sojasahne · Meersalz · gemahlener weißer Pfeffer · ¼ TL Vollrohrzucker oder Ahornsirup

- Tomaten waschen, kreuzweise am Strunk einschneiden, mit kochendem Wasser überbrühen, häuten und klein würfeln. 2 Esslöffel Tomatenwürfel beiseite stellen.
- Schalotte und Knoblauch schälen und fein würfeln. Basilikum waschen, trocken tupfen und die Blättchen beiseite stellen.
- Olivenöl in einem Topf erhitzen. Schalotten und Knoblauch kurz anbraten, Tomatenmark und Tomaten hinzufügen und mitdünsten. Lorbeerblatt und Selleriekraut hinzufügen und zugedeckt bei schwacher Hitze 10 Minuten leicht köcheln lassen.
- Die Suppe mit der Gemüsebrühe verlängern (nur so viel nehmen, dass sie noch sämig bleibt). Sahne hinzufügen und kurz aufkochen lassen.
- Abschließend mit Meersalz, weißem Pfeffer und einer Prise Zucker oder Ahornsirup abschmecken. Mit Basilikumblättchen und den Tomatenwürfeln garnieren.

Orientalische Möhrensuppe

Die garantiert nicht langweilige Karottensuppe!

▶ **Für 2 Personen**
🕐 **25 Min.**

2 Schalotten · 1 Knoblauchzehe (optional) · 400 g Möhren ·
3 cm frischer Ingwer · 2 EL Olivenöl · 100 ml Weißwein (oder
Gemüsebrühe) · 600 ml Gemüsebrühe · ½ Bund frischer
Koriander · 1 Orange · 1 TL Currypulver · 1 Msp. Cayennepfeffer · 1 Msp. frisch geriebene Muskatnuss · ¼ TL Reismalz
(oder Ahornsirup) · frisch gemahlener schwarzer Pfeffer ·
Meersalz

- Schalotten und Knoblauch schälen und fein hacken.
  Möhren waschen und in kleine Würfel schneiden. Ingwer
  schälen, fein hacken oder mit der Ingwerreibe reiben.
- Olivenöl in einem Topf erhitzen, Schalotte, Knoblauch und
  Ingwer anbraten, Karotten hinzufügen und etwa 3 Minuten unter ständigem Wenden anbraten. Mit Weißwein
  (oder Gemüsebrühe) ablöschen, den Weißwein etwas reduzieren und mit Gemüsebrühe auffüllen, bis die Möhren
  gut bedeckt sind. Etwa 15 Minuten bei geringer Hitze
  zugedeckt köcheln lassen, bis die Möhren weich sind.
- In der Zwischenzeit den Koriander waschen, trocken
  tupfen und samt Stängeln fein hacken. Die Orange zu
  Saft pressen.
- Die Suppe mit einem Zauberstab pürieren, Orangensaft
  hinzufügen und ggf. mit etwas Gemüsebrühe zu der gewünschten Konsistenz verlängern. Mit Curry, Cayennepfeffer, Muskat, Reismalz, Pfeffer und Salz abschmecken.
  Die Suppe in tiefen Tellern mit Koriander bestreut servieren. Dazu passt frisches Baguette oder Vollkornbrot.

Radieschen-Suppe

Aus dem Radieschen-Grün lässt sich eine wohlschme-
ckende Suppe kochen!

▶ **Für 2 Personen**
🕐 **25 Min.**

2 Bund Radieschen mit den grünen Blättern · 1 Kartoffel
(etwa 100 g) · 1 Schalotte · 1 Zitrone · 2 EL Sesamöl ·
600 ml Gemüsebrühe · Meersalz · Pfeffer · 1 Msp. Cayennepfeffer · 1 Msp. Muskat · 2 EL Shiro-Miso oder Sojasahne ·
1 TL Kürbiskernöl

- Radieschen von den Blättern trennen und gut waschen.
  Das Grün ebenfalls gut waschen und grob hacken. Etwa
  6 Radieschen beiseite legen, den Rest in kleine Würfel
  schneiden. Kartoffel waschen, ggf. schälen und ebenfalls
  fein würfeln. Schalotte schälen und fein hacken. Zitrone
  gut waschen und mit der Zitronenreibe etwa ¼ TL Zitronenschale abreiben.
- Das Sesamöl in einem hohen Topf erhitzen, Schalotte
  anbraten, gewürfelte Radieschen, Kartoffeln sowie das
  Radieschengrün hinzufügen und kurz anbraten, bis das
  Grün etwas zusammenfällt. Zitronenschale hinzufügen
  und mit der Gemüsebrühe auffüllen. Umrühren und etwa
  15 Minuten mit geschlossenem Deckel bei mittlerer Hitze
  köcheln lassen.
- Von den beiseite gelegten Radieschen 3 Stück in feine
  Würfel schneiden und 3 Stück in feine Scheiben.
- Nach Ende der Garzeit die Suppe mit dem Zauberstab
  pürieren. Salz, Pfeffer, Cayennepfeffer, Muskat, Shiro-Miso
  (siehe Seite 21) und die Radieschenwürfel unter die Suppe
  rühren und noch einmal kurz erhitzen. Die Suppe in Teller
  füllen, mit Radieschenscheiben garnieren, ein paar Tropfen Kürbiskernöl darüber träufeln und servieren.

SUPPEN UND SALATE

45

Sauerkraut-Paprika-Suppe

Diese Suppe ist wegen ihrer milden Säure und Schärfe einfach toll!

▶ **Für 2 Personen**
🕒 **30 Min.**

1 kleine Zwiebel · 100 g Räuchertofu · 250 g frisches Sauerkraut (am besten EDEN-Kraut aus dem Reformhaus) · 1 kleine Peperoni (je nachdem, wie scharf man es möchte) · 1 EL Sonnenblumenöl · 100 ml Weißwein (oder Gemüsebrühe) · frisch gemahlener schwarzer Pfeffer · Meersalz · 600 ml Gemüsebrühe · 1 Lorbeerblatt · 2 Wacholderbeeren · ½ TL Kümmel, gemahlen · 1 kleine rote Paprikaschote · 2 EL Sojajoghurt oder Sojasahne · ½ TL Gerstenmalz (oder Zucker) · ½ TL Paprikapulver edelsüß

- Die Zwiebel schälen und sehr fein hacken. Den Räuchertofu fein würfeln. Das Sauerkraut mit dem Messer etwas kleiner schneiden. Peperoni waschen und in feine Ringe schneiden.
- Sonnenblumenöl in einem Topf erhitzen, Zwiebel und Räuchertofu etwa 5 Minuten unter ständigem Wenden scharf anbraten. Sauerkraut und Peperoni untermengen und mit Weißwein ablöschen. Salz und Pfeffer hinzufügen, mit Gemüsebrühe auffüllen, das Lorbeerblatt, die Wacholderbeeren und den Kümmel hinzufügen und etwa 15 Minuten bei kleiner Hitze köcheln lassen.
- In der Zwischenzeit die Paprikaschote waschen, entkernen und in kleine Stücke schneiden. Am Ende der Kochzeit untermengen und die Suppe noch 5 Minuten weiter köcheln lassen. Zum Schluss den Sojajoghurt oder die Sahne untermischen und die Suppe mit Salz, Pfeffer, Gerstenmalz und Paprikapulver abschmecken und servieren.

Grüner-Spargel-Salat mit Cocktailtomaten

Ein Muss in der Spargel-Saison!

▶ **Für 2 Personen**
🕒 **30 Min.**

Für den Salat: 500 g grüner Spargel · 1 Prise Salz und Zucker · 1 TL Zitronensaft · 8 Cocktail-Tomaten
Für die Marinade: 1 Schalotte · 1 Bund Schnittlauch · 1 EL Sherryessig · 2 EL Walnussöl · 2 EL Gemüsebrühe · ½ TL Ahornsirup oder Gerstenmalz (z. B. Fa. Arche) · Salz · Cayennepfeffer

- Den Spargel waschen, die Spargelenden etwa ½ cm lang abschneiden und nur das untere Drittel des Spargels mit einem Spargelschäler dünn abschälen.
- Wasser in einem Topf oder einer hochwandigen Pfanne zum Kochen bringen und etwas Salz, Zucker und Zitronensaft hineingeben. Den Spargel darin etwa 10–15 Minuten kochen. Der Spargel sollte noch Biss haben und nicht zerfallen. Spargel gut abtropfen lassen und in etwa 3–4 cm lange Stücke schneiden.
- Die Tomaten vierteln und den Strunk entfernen. Schalotte sehr fein würfeln. Den Schnittlauch in kleine Röllchen schneiden. Aus Sherryessig, Walnussöl, Gemüsebrühe, Ahornsirup, Salz und Cayennepfeffer ein Dressing anrühren.
- Spargelstücke und Tomaten in eine Schüssel geben und mit dem Dressing gut verrühren.

▶ **Variante**
Mit Hirse oder Reis vermengt ergibt dies eine vollwertige Mahlzeit.

Champignon-Salat mit Brunnenkresse

Eine geschätzte Abwechslung, wenn es frische Pilze gibt.

▶ **Für 2 Personen**
◔ **15 Min.**

200 g Champignons (oder gemischt: Shiitake, Austernpilze etc.) · 1 Bund Brunnenkresse · 1 Schalotte · 1 kleine Knoblauchzehe · 2 EL Balsamico-Essig · Meersalz · frisch gemahlener schwarzer Pfeffer · ½ TL Estragon getrocknet · 1 Msp. Senf (mittelscharf) · 3 EL Olivenöl

– Pilze nur wenn notwendig waschen, sonst mit dem Pinsel säubern und in feine Scheiben schneiden.
– Die Brunnenkresse verlesen und von den großen, harten Blättern befreien. Die zarten Blättchen abzupfen, waschen und trocken tupfen. Schalotte und Knoblauch schälen und fein hacken.
– Den Essig, Salz und Pfeffer mit Estragon, Senf, den gehackten Schalotten und dem Knoblauch mit dem Zauberstab schlagen. Olivenöl hinzufügen und noch mal gut durchschlagen.
– Die Salatsauce über die Pilze und die Brunnenkresse gießen, gut durchmischen und mit frischem Brot servieren.

Chinakohl-Salat mit Äpfel und Nüssen

An Herbsttagen ein köstlicher Genuss.

▶ **Für 2 Personen**
◔ **15 Min.**

1 kleiner Chinakohl · 1 großer Apfel (z.B. Boskop oder Elstar) · 10 Walnüsse (oder Sonnenblumenkerne, Cashewkerne) · Meersalz · schwarzer Pfeffer · Saft einer halben Zitrone · ½ TL Gersten- oder Reismalz (ersatzweise Ahornsirup) · ½ TL Dijon-Senf · ½ TL Weißweinessig oder Balsamico · 1 EL Olivenöl · 3 EL Sojajoghurt

– Chinakohl in feine Streifen schneiden, in ein Sieb geben, unter fließendem Wasser waschen und gut abtropfen lassen. Apfel waschen, vierteln, das Kerngehäuse entfernen und in kleine Würfel schneiden.
– Die Walnüsse knacken und in kleine Stücke brechen oder schneiden. Alles in eine Schüssel geben und durchmischen.
– Aus den restlichen Zutaten das Dressing anrühren und zu dem Salat geben. Gut durchmengen und am besten mit frischem Vollkornbrot oder Baguette servieren.

Dinkel-Sellerie-Apfel-Salat

Gut vorzubereiten – ideal zum Mitnehmen in Schule oder Büro!

▶ **Für 2 Personen**
◔ **10 Min. + 1 Stunde Kochzeit für den Dinkel + 30 Min. Ziehzeit**

80 g Dinkelkörner · 1 Stück Sellerie (ca. 100 g) · 1 kleiner Apfel (ca. 100 g) · 1 TL Zitronensaft · 50 g Nüsse nach Wahl · ½ Becher Sojajoghurt · Salz · Liebstöckel · Kerbel · 2 – 3 EL Oliven- oder Rapsöl · frische Petersilie und Sellerieblätter

– Dinkelkörner etwa 1 Stunde kochen, bis sie gar sind. Sellerieknolle und Apfel waschen, trocknen und raffeln. In eine Salatschüssel geben und sofort mit Zitronensaft vermengen.
– Die Nüsse grob zerkleinern und hinzufügen.
– Den Sojajoghurt mit Salz, Liebstöckel und Kerbel vermengen. Öl hinzufügen und gut verrühren. Petersilie und Sellerieblätter waschen, trocken tupfen, fein hacken und beiseite stellen.
– Den fertig gegarten Dinkel abseihen und zu der Apfel-Sellerie-Mischung geben. Marinade unterrühren und mindestens 30 Minuten ziehen lassen. Vor dem Servieren die Petersilie und die Sellerieblätter untermischen.

Leckerer Pilze-Salat

Auch Pilze sind eine wertvolle Eiweiß-Quelle.

▶ **Für 2 Personen**
🕑 **15 Min.**

Für den Salat: 300 g gemischte frische Pilze (z. B. Shiitake, Champignons, Kräutersaiblinge, Steinpilze, Pfifferlinge, Austernpilze,) · 1 Schalotte (optional) · ½ Bund Petersilie
Für das Dressing: Meersalz · frisch gemahlener schwarzer Pfeffer · 1 TL Zitronensaft · 1 EL Weißweinessig · 2 EL Olivenöl · 1 EL Paprika edelsüß · ½ TL gemahlener Kümmel · 1 TL Tomatenmark · 2 EL Sojajoghurt natur · etwas Wasser

- Pilze mit dem Pinsel säubern und in grobe Scheiben oder Stücke schneiden. Schalotte schälen und in halbe Ringe schneiden. Petersilie waschen, trocken tupfen und fein hacken.
- Für das Dressing alle Zutaten gut durchmischen, am besten mit dem Zauberstab pürieren und über die Pilze und die Schalottenringe gießen. Zusammen mit der Petersilie gut vermengen und etwas durchziehen lassen.

Rettichsalat

Rettich regt den Stoffwechsel an und enthält sehr viel Vitamin C.

▶ **Für 2 Personen**
🕑 **15 Min.**

Für den Salat: 1 dicker Rettich (weiß oder schwarz oder beides gemischt) · ½ kleine rote Paprikaschote · etwas frische Petersilie
Für die Marinade: 2 EL Öl · 1 TL Obstessig · frisch gemahlener schwarzer Pfeffer · Kräutersalz · 1 TL Zitronensaft

- Zutaten für die Marinade mit dem Zauberstab schlagen.
- Rettich sauber bürsten (nicht schälen) und grob raffeln. Sofort in die Marinade geben.
- Paprikaschote waschen und in feine Würfel schneiden. Petersilie waschen und fein hacken. Beides sofort unter den Rettichsalat mischen und servieren.

Trauben-Sauerkraut-Salat

Besonders lecker mit frischem Vollkornbrot oder Baguette.

▶ **Für 2 Personen**
🕑 **15 Min.**

150 g Sauerkraut (vorzugsweise EDEN-Kraut, Reformhaus) · 100 g blaue Trauben (möglichst kernlos) · 1 Schalotte · 1 kleiner Apfel · 2 EL Öl · schwarzer Pfeffer · etwas Kümmelpulver (kann man auch weglassen)

- Sauerkraut bei Bedarf feiner schneiden. Trauben waschen, halbieren und falls notwendig entkernen.
- Schalotte schälen und in feine Ringe schneiden. Apfel waschen und in kleine Würfel schneiden.
- Alle Zutaten mit Öl, Pfeffer und wenn gewünscht Kümmelpulver vermischen und servieren.

Kohlrabi-Karotten-Salat mit Frühlingskräutern

Auf dem Markt gibt es wunderbare Kräuter für diesen Salat.

▶ **Für 2 Personen**

⏱ **15 Min.**

2 kleine Kohlrabi · 2 Karotten · ½ Kopf Eisbergsalat · eine Handvoll frische Kräuter (Petersilie, Schnittlauch, Dill, etc.) · 3 TL Balsamico-Essig · 3 TL Walnussöl · 1 Msp. Ahornsirup · 1 Msp. Senf · Salz · Pfeffer

- Kohlrabi waschen und schälen. Karotten unter fließendem Wasser gut bürsten oder ggf. auch schälen. Beides in dünne Stifte schneiden oder grob raspeln.
- Den Eisbergsalat in feine Streifen schneiden, gut waschen und in einem Sieb abtropfen lassen. Kräuter waschen, trocken tupfen und fein hacken. Für die Garnitur beiseite stellen.
- Aus dem Balsamico-Essig, dem Walnussöl, Ahornsirup, Senf, Salz und Pfeffer eine Marinade anrühren und das Gemüse darin wenden und kurz ziehen lassen. Danach den Eisbergsalat unterheben und mit den gehackten Kräutern bestreuen.

Salat Gabriele

Das ist mein Lieblingssalat zu jeder Jahreszeit.

▶ **Für 2 Personen**

⊙ **10 Min.**

Für den Salat: 100 g grüne Salatblätter (gerne gemischte Sorten oder Ackersalat) · 3 Blätter Radicchio · 6 Artischocken aus dem Glas in Lake · 6 getrocknete Tomaten · 8 schwarze Oliven · ½ gelbe Paprikaschote · 4 EL Radieschen-Sprossen (oder andere Sprossen) · 2 Frühlingszwiebeln

Für das Dressing: ca.¼ TL frisch gemahlener schwarzer Pfeffer · ca. ¼ TL Meersalz · ½ TL Feigensenf (oder mittelscharfer Senf) · 1 TL Ahornsirup · 3 EL Wasser · 2 EL Balsamico-Essig · 2 EL Sojajoghurt oder Sojasahne (optional) · 2 EL Olivenöl

- Blattsalate und Radicchio waschen, trocken schleudern und auf 2 Teller verteilen. Jeweils 3 Artischocken, 3 getrocknete Tomaten und 4 schwarze Oliven auf jedem Teller verteilen.
- Paprikaschote waschen, entkernen und die Hälfte davon der Länge nach in lange Streifen schneiden. Ebenfalls auf den Tellern anrichten. Die Radieschen-Sprossen waschen und ebenfalls auf die beiden Teller verteilen. Zum Schluss die Frühlingszwiebeln waschen, längs in ca. 1 cm breite Röllchen schneiden und über die Salate verteilen.
- Für das Dressing alle Zutaten außer dem Öl mit dem Zauberstab kurz aufschäumen und am Schluss langsam das Olivenöl einträufeln lassen.
- Das Dressing über die beiden Salate verteilen und am besten mit frischem Vollkornbrot servieren.

Schwarze Bohnen-Orangen-Salat

Ein origineller Partysalat – machen Sie dann die 3 – 4-fache Menge.

▶ **Für 2 Personen**

⊙ **10 Min. + 12 Stunden Einweichzeit + 50 Min. Kochzeit + 60 Min. Ziehzeit**

100 g schwarze Bohnen · 3–4 Zweige frisches Bohnenkraut (ersatzweise getrocknetes Bohnenkraut) · etwa ¼ TL Salz · 1 – 2 EL Orangensaft · 2 EL Apfel- oder Obstessig · Salz · 1 Msp. Cayennepfeffer · 2 EL Öl · ½ Bund Petersilie · 1 Gemüsezwiebel (ca. 125 g) · 1 Orange

- Die Bohnen waschen und 12 Stunden einweichen. Das Einweichwasser wegschütten und die Bohnen in etwa 400 Milliliter Wasser mit 2 Zweigen Bohnenkraut etwa 50 – 60 Minuten garen. Das Salz erst kurz vor Ende der Garzeit zufügen.
- Orangensaft, Essig, Salz, Cayennepfeffer und Öl mit dem Zauberstab schlagen. Petersilie und restliches Bohnenkraut waschen, fein hacken und unter die Marinade rühren.
- Die Zwiebel schälen und fein hacken. Die Orange schälen und filetieren.
- Die Bohnen abtropfen lassen in eine Salatschüssel geben. Solange sie noch heiß sind, mit der Sauce übergießen.
- Die Zwiebeln untermischen und den Salat mindestens 1 Stunde ziehen lassen. Anschließend mit Orangenfilets fantasievoll garniert servieren.

Meine Lieblings-Salatdressings für grüne Blattsalate

Können auch für 1 Woche auf Vorrat zubereitet werden!

▶ Für 2 Personen
⊙ Jeweils 5 Min.

Wein-Dressing

½ TL Senf · 1 TL Ahornsirup · 15 ml Weißweinessig · 10 ml alter Balsamico-Essig · Meersalz · Pfeffer · 10 ml Olivenöl · 5–10 ml Rapsöl

— Alle Zutaten außer den beiden Ölen mit dem Zauberstab aufschäumen. Nach und nach die beiden Öle einträufeln lassen und gut durchschlagen.

Feigen-Dressing

½ TL Feigen-Senf · 1 TL Ahornsirup · 25 ml Balsamico-Essig · Meersalz · Pfeffer · ggf. etwas Wasser · 2 EL Sojajoghurt (optional) · 15 ml Olivenöl

— Alle Zutaten außer dem Öl mit dem Zauberstab aufschäumen. Nach und nach das Öl einträufeln lassen und gut durchschlagen. Ggf. mit etwas Wasser verdünnen.

Himbeer-Dressing

25 ml Himbeeressig · 1 TL Ahornsirup · 1 Msp. Senfpulver · Meersalz · etwas Wasser · 10 ml Walnussöl · 10 ml Olivenöl

— Alle Zutaten außer dem Öl mit dem Zauberstab aufschäumen. Nach und nach das Öl einträufeln lassen und gut durchschlagen.

Joghurt-Dressing

125 g Sojajoghurt · 1 EL Zitronensaft · 1 EL Rotweinessig · 1 Knoblauchzehe · ½ TL Reismalz oder Ahornsirup · 1 Schuss Flüssigwürze (optional) · Meersalz und schwarzer Pfeffer · viele frische Kräuter nach Belieben

— Sojajoghurt mit Zitronensaft und Rotweinessig mischen. Knoblauchzehe sehr fein hacken und zusammen mit dem Reismalz, der Flüssigwürze, dem Salz und Pfeffer gut vermischen.
— Die frischen Kräuter fein hacken und unterheben.

Farfalle mit Kürbissauce und Zitronenmelisse

Raffiniert und gelingt leicht.

▶ **Für 2 Personen**
⊙ **35 Min.**

500 g Hokkaidokürbis · 1 kleine Lauchstange · etwa 50 g frische Zitronenmelisse · 250 g Farfalle · 1 EL Olivenöl · 50 ml Weißwein · 200 ml Gemüsebrühe · 150 ml Hafersahne · Salz · schwarzer Pfeffer · Muskat

- Den Kürbis waschen. Kerne herauskratzen und das Fleisch in kleine Würfel schneiden. Den Hokkaidokürbis braucht man nicht zu schälen, die Schale wird mit verwendet.
- Die Lauchstange waschen und schräg in feine Streifen schneiden. Zitronenmelisse waschen, trocken tupfen und in feine Streifen schneiden.
- Salzwasser für die Nudeln zum Kochen bringen und die Nudeln al dente kochen.
- Das Öl in einem großen Topf erhitzen, den Lauch darin etwa 4 Minuten bei geringer Hitze dünsten. Die Kürbiswürfel hinzufügen und kurz anbraten. Wein, Brühe und Hafersahne angießen und alles so lange köcheln lassen, bis der Kürbis weich ist. Dann auf ein Drittel der Menge einkochen.
- Alles pürieren, durch ein Sieb passieren und mit Salz, Pfeffer und Muskat abschmecken. Die Zitronenmelisse unterrühren. Die Nudeln auf 2 Teller verteilen und die Sauce darüber geben.

Meine Lieblings-Spaghetti

Hier werden Sie den Parmesan-Käse definitiv nicht vermissen!

▶ **Für 2 Personen**
🕐 **35 Min.**

400 g reife Tomaten (im Winter 1 Dose Tomaten in Stücke) · 1 Zwiebel · 1 Knoblauchzehe · 1 rote oder gelbe Chilischote · 1 Karotte · 1 kleiner Lauch · 1 Stange Staudensellerie · ½ Bund Basilikum · 2 EL Öl · 1 Lorbeerblatt · 2 EL Tomatenmark · 300 g Dinkelspaghetti · 8–10 schwarze Oliven · 2 EL Kapern · Meersalz · Pfeffer

- Wasser mit Salz für Spaghetti zum Kochen bringen.
- Die Tomaten waschen, kreuzweise am Strunk einschneiden, mit heißem Wasser überbrühen und häuten. Anschließend in kleine Würfel schneiden (Ich verwende das Mark mit!).
- Zwiebel und Knoblauch schälen und fein hacken, Chilischote waschen und in feine Ringe schneiden. Karotte waschen und in feine Würfelchen schneiden. Lauch und Sellerie waschen und schräg in feine Ringe schneiden. Das Basilikum waschen, trocken tupfen und mit den Fingern grob zerkleinern.
- Öl in einer hochwandigen Pfanne erhitzen. Zwiebel, Knoblauch und Chili kurz anbraten, Karotte, Lauch und Sellerie zugeben und kurz mitbraten, Lorbeerblatt, Tomatenwürfel und Tomatenmark hinzufügen, gut umrühren und bei mäßiger Hitze ca. 10–15 Minuten leicht köcheln lassen.
- Die Spaghetti währenddessen al dente kochen. Oliven und Kapern zur Sauce hinzufügen und weitere 5 Minuten auf der heißen Herdplatte ziehen lassen. Am Ende das Basilikum unterheben, salzen und pfeffern und nicht mehr kochen lassen. Die Spaghetti mit der Sauce überziehen und servieren.

Bandnudeln mit Pilzen und Radicchio

Die Bitterstoffe vom Radicchio geben dem Gericht eine angenehm herbe Note.

▶ **Für 2 Personen**
🕐 **25 Min.**

250 g Bandnudeln · 1 Schalotte · 250 Pilze (Shiitake, Austernpilze, Champignons, …) · 1 kleiner Kopf Radicchio · 6 Stängel Petersilie (oder 10 Blätter Basilikum) · 30 g Pinienkerne · 2 EL Olivenöl · 1 TL Paprika edelsüß · ⅛ l Weißwein · Salz Pfeffer

- Einen Topf Wasser mit Salz zum Kochen aufsetzen und die Bandnudeln al dente kochen, was in der Regel 6–8 Minuten dauert.
- Die Schalotte schälen und fein würfeln. Die Pilze nur wenn notwendig waschen, sonst mit einem Pinsel reinigen und in Scheiben schneiden.
- Vom Radicchio die Blätter vorsichtig lösen, waschen, trocken tupfen und in ca. 1 cm breite Streifen schneiden. Petersilie waschen, trocken tupfen und fein hacken.
- Pinienkerne ohne Fett in einer Pfanne rösten (1 EL zum Garnieren beiseite stellen). Dann Olivenöl hinzufügen und die Schalottenwürfel darin glasig braten. Die Pilze hinzufügen, mit Paprika edelsüß bestäuben und 5 Minuten bei mittlerer Hitze mitbraten. Mit Weißwein ablöschen und diesen völlig reduzieren. Mit Salz und Pfeffer würzen.
- Die Nudeln unter die Pilzmischung heben (notfalls noch mal erhitzen, wenn die Nudeln schon abgekühlt sind), vom Herd nehmen und die Radicchio-Streifen untermischen. Mit Petersilie/Basilikum und den beiseite gestellten Pinienkernen servieren.

Tipp

Den Radicchio nicht erhitzen! Die Blätter werden sonst unappetitlich braun. Radicchio ist übrigens kalorienarm, dafür aber reich an Kalium, Kalzium und Vitaminen.

Spaghetti mit Spargel

So kann man einen warmen Frühlingsabend gemütlich ausklingen lassen.

▶ **Für 2 Personen**

⏱ **35 Min.**

200 g Spaghetti · 500 g grüner Spargel · 3 reife Tomaten · 1 Knoblauchzehe · ½ Bund Basilikum · 3-5 EL Olivenöl · Meersalz und frisch gemahlener schwarzer Pfeffer

– Wasser mit Salz für die Spaghetti aufsetzen und die Spaghetti nach Anleitung al dente kochen. Vom Nudelwasser etwa eine halbe Tasse aufheben und beiseite stellen.

– Spargel waschen und die Enden etwa ½ cm lang abschneiden. Die Spargelenden unten etwa 3 – 4 cm mit dem Spargelschäler abschälen. Den Spargel in etwa 3 – 4 cm lange Stücke schneiden.

– Tomaten waschen, kreuzweise am Strunk oben einschneiden, mit kochendem Wasser überbrühen und häuten. Die Tomaten in kleine Würfel schneiden.

– Die Knoblauchzehe fein hacken. Das Basilikum waschen, trocknen und in feine Streifen schneiden.

– Etwa 3 EL Olivenöl in einer hochwandigen Pfanne, besser noch im Wok, erhitzen. Knoblauch kurz anbraten, den Spargel und die Tomaten hinzufügen und bei mittlerer Hitze 5 Minuten schmoren lassen. Mit Salz und Pfeffer abschmecken.

– Die abgetropften Spaghetti zum Gemüse geben, alles vorsichtig mischen und etwa 2 Minuten leicht köcheln lassen. Eventuell mit etwas Nudelwasser geschmeidig machen. Zum Schluss das Basilikum unterheben und auf Wunsch noch mit etwas Olivenöl beträufelt servieren.

Wok-Gemüse mit Reisnudeln

Knackig gegartes Gemüse enthält jede Menge Vitalstoffe!

▶ **Für 2 Personen**

⏱ **30 Min.**

1 Knoblauchzehe · 2–3 cm frischer Ingwer · 1 Peperoni · 100 g Shiitake-Pilze · 2 Frühlingszwiebeln · 350 g frischer Spinat oder Mangold · 1 kleine rote Paprikaschote · 100 g Sojabohnensprossen · ½ Bund frischer Koriander · 200 g schwarze Reisnudeln (Fa. Terrasana) oder andere Reisnudeln · 2 EL Sesamöl · 3–4 EL Tamari · frisch gemahlener schwarzer Pfeffer

– Knoblauch und Ingwer schälen und fein hacken. Peperoni waschen und in feine Ringe schneiden. Pilze mit einem Pinsel säubern und grob zerkleinern. Frühlingszwiebeln waschen und in etwa 1 cm breite Ringe schneiden.

– Spinatblätter von den Stielen zupfen, gut waschen und trocken schleudern. Paprikaschote waschen, vom Kerngehäuse befreien und in Streifen schneiden. Sojabohnensprossen in ein Sieb geben und mit heißem Wasser gut waschen. Koriander waschen und samt Stängel und ggf. Wurzeln fein hacken.

– Die Reisnudeln nach Packungsanleitung al dente kochen (dauert ca. 4 Minuten), in ein Sieb schütten und kalt abschrecken.

– Zuerst den Wok und dann das Sesamöl darin erhitzen. Knoblauch, Ingwer und Peperoni anbraten, das ganze Gemüse hinzufügen und unter ständigem Wenden so lange bei mäßiger Hitze braten, bis der Spinat zusammenfällt. Reisnudeln hinzufügen und mit Tamari und schwarzem Pfeffer abschmecken. Mit Korianderblättchen bestreut servieren.

▶ **Variante**

Man kann dieses Gericht natürlich noch mit einem Schuss Kokosmilch verfeinern.

Couscous mit getrockneten Tomaten

Ein Schnell-Essen, wenn Sie mal wenig Zeit haben.

▶ **Für 2 Personen**

⏱ **15 Min.**

1 Tasse Couscous · 2 Tassen Gemüsebrühe · 40 g getrocknete Tomaten · 1 Zwiebel · 1 Knoblauchzehe · 1 rote Peperoni (optional) · 4 EL Olivenöl · Meersalz · frisch gemahlener schwarzer Pfeffer

- Den Couscous mit der Gemüsebrühe aufkochen und 10 Minuten ausquellen lassen.
- Getrocknete Tomaten in kleine Stücke schneiden. Zwiebel und Knoblauch schälen und fein hacken. Wenn Sie es scharf möchten, eine Peperoni waschen, in Ringe schneiden oder fein hacken.
- In einem Topf das Olivenöl erhitzen, Knoblauch, Zwiebel und ggf. Peperoni darin anbraten, aber aufpassen, dass der Knoblauch nicht verbrennt. Immer wieder vom Herd nehmen und etwas schwenken. Den gegarten Couscous untermischen, reichlich salzen und pfeffern und am besten mit grünen Blattsalaten servieren.

▶ **Variante**

Sie können dieses Gericht auch mit Spaghetti oder Reis zubereiten und z. B. mit schwarzen Oliven, frischen Kräutern und Kapern verfeinern.

Bulgur mit Gemüse

Bulgur ist die gesunde Alternative zu Kartoffeln oder Reis.

▶ **Für 2 Personen**

⊙ **35 Min.**

1 Zwiebel · 1 Knoblauchzehe · 2 Karotten (etwa 100 g) · 1 rote Chilischote · 1 EL Olivenöl · 125 g Bulgur · 300 ml Gemüsebrühe · 150 g Erbsen (tiefgekühlt oder aus dem Glas) · 50 g Hafersahne · Meersalz · frisch gemahlener weißer Pfeffer

- Zwiebel und Knoblauch schälen und fein hacken. Karotten waschen und raffeln. Chilischote waschen und in feine Ringe schneiden
- Olivenöl in der Pfanne erhitzen. Zwiebel, Knoblauch und Bulgur bei mittlerer Hitze kurz anbraten, bis alle Zutaten gleichmäßig mit Öl überzogen sind.
- Die Karotten und die Chilischoten-Ringe untermischen. Die Brühe angießen und alles einmal aufkochen. Hitze reduzieren und bei schwacher Hitze 25 Minuten garen.
- Die Erbsen und die Sahne untermengen, mit Salz und Pfeffer würzen und heiß servieren.

Gerstengraupen mit Roter Bete

Gelingt leicht und ist eine gesunde, vitalstoffreiche Mahlzeit.

▶ **Für 2 Personen**

⊙ **35 Min.**

1 Zwiebel · 150 g Gerstengraupen · 1 EL kaltgepresstes Maiskeimöl · 350–400 ml Gemüsebrühe · 250 g frische Rote Bete · 1 TL Zitronensaft · ½ Bund Petersilie · 50 g Hafersahne · Meersalz · frisch gemahlener weißer Pfeffer · 1 – 2 Msp. Cayennepfeffer

- Die Zwiebel schälen und fein hacken. Gerstengraupen in einem Sieb sehr gut mit kaltem Wasser waschen und abtropfen lassen.
- In einem Topf das Öl erhitzen und die Zwiebel darin glasig braten. Die Graupen hinzufügen und unter Rühren so lange mitbraten, bis sie mit Fett überzogen sind. Die Gemüsebrühe angießen und die Graupen bei mäßiger Hitze 25 Minuten garen.
- In der Zwischenzeit die Rote Bete waschen und bürsten und mit der Gemüsereibe raffeln.
- Die geraffelte Rote Bete und den Zitronensaft zu den Graupen geben. Alles kurz aufkochen lassen und anschließend auf der abgeschalteten Kochstelle 5 Minuten ziehen lassen.
- Petersilie waschen, trocken tupfen und fein hacken. Petersilie und Sahne zu den Graupen hinzufügen und mit Salz, Pfeffer und Cayennepfeffer abschmecken.

WISSEN

Allround-Talent Gerste

Aus der Gerste kann man nicht nur Bier brauen, sondern sie wirkt sich positiv auf das Nervensystem aus und fördert die Konzentrationsfähigkeit. Außerdem bildet sich beim Kochen der Gerste ein Schleim, der beruhigend auf den gereizten Darm wirkt. Regelmäßiger Genuss soll Krampfadern und Gelenkschäden vorbeugen.

HAUPTGERICHTE

Körnige Hirse mit Kichererbsen und Gemüse

Eine einfache Mahlzeit, die zu jeder Tageszeit schmeckt.

▶ Für 2 Personen

⊘ 30 Min.

100 ml Gemüsebrühe · 50 g Hirse · 1 Schalotte · 1 kleine Aubergine · 1 kleine Zucchini · ½ gelbe Paprika und ½ rote Paprika · 1 kleine Fleischtomate · 2 EL Olivenöl · Salz · schwarzer Pfeffer · 1 Msp. geriebene Muskatnuss · 1 TL Tamari · 70 g Kichererbsen (aus dem Glas) · 170 g Maiskörner (aus dem Glas)

- Die Gemüsebrühe zum Kochen bringen. Hirse in einem Sieb gut waschen, in die Gemüsebrühe geben und etwa 20 Minuten zugedeckt bei schwacher Hitze garen.
- Schalotte schälen und fein hacken. Aubergine und Zucchini waschen und fein würfeln. Paprikaschoten waschen, entkernen und in kleine Stücke schneiden. Tomate kreuzweise am Strunk einschneiden, mit kochendem Wasser überbrühen, häuten und vierteln.
- Öl in einer Pfanne erhitzen, Schalotte glasig dünsten, das Gemüse dazugeben, mit Salz, Pfeffer und Muskatnuss würzen. Tamari hinzufügen und zugedeckt etwa 10 Minuten dünsten. Am Schluss die Kichererbsen und Maiskörner untermischen.
- Die Hirse auf Tellern anrichten, das Gemüse darüber geben und servieren.

Hirse-Gemüse-Schnitten mit Senfkruste

Gelingt leicht und ist gut vorzubereiten.

▶ Für 2 Personen

⊘ 45 Min. + 15 Min. Backzeit

1 kleiner Lauch · 1 kleine Karotte · 1 Stück Kohlrabi · 1 Stück Zucchini (oder anderes Gemüse der Saison, Sie brauchen insgesamt etwa 200 Gramm gewürfeltes Gemüse) · 8 Stängel Petersilie · 100 g Hirse · 2 EL Olivenöl · 350–400 ml Gemüsebrühe · 3 EL Soja Cuisine oder Sojasahne · Meersalz · schwarzer Pfeffer · 3 EL Dijonsenf · 3 EL Vollkornsemmelbrösel · 2 EL vegane Pflanzenmargarine

- Das Gemüse waschen und in kleine grobe Würfel schneiden. Petersilie waschen, fein hacken und bis zum Gebrauch beiseitestellen.
- Die Hirse in einem Sieb mit heißem Wasser abspülen.
- Den Backofen auf 200 Grad (Ober-/Unterhitze) vorheizen.
- Öl in einem Topf erhitzen, die Gemüsewürfel darin anschwitzen und die Hirse dazugeben. Gemüsebrühe hinzufügen und bei niedriger Hitze 15 Minuten bei geschlossenem Topf köcheln und weitere 20 Minuten ausquellen lassen. Anschließend die Soja Cuisine unterrühren und kräftig mit Salz und Pfeffer würzen.
- Die Masse in eine gefettete Auflaufform streichen. Den Senf mit einem Messer gleichmäßig darauf verstreichen. Semmelbrösel und Petersilie mischen und gleichmäßig auf den Senf streuen. Die Margarine in Flöckchen darauf verteilen und etwa 15 Minuten im Ofen überbacken. Am besten mit grünen Blattsalaten servieren.

Grünkernküchle

Die vegane Frikadelle!

▶ **Für 2 Personen**

⊙ **50 Min.**

2 kleine Schalotten · 1 Karotte · 1 kleine
Stange Lauch · 6 Stängel Petersilie ·
125 g Grünkern · 250 ml Gemüsebrühe ·
50 g gehackte Mandeln · Kräutersalz ·
schwarzer Pfeffer · Olivenöl

- Schalotten schälen und fein hacken,
  Karotte waschen und fein würfeln.
  Lauch waschen, längs halbieren und in
  feine Ringe schneiden. Petersilie waschen, trocken tupfen und fein hacken.
  Sie brauchen davon etwa 1 Esslöffel.
- Grünkern mittelgrob schroten und
  in einem Topf ohne Fett anrösten.
  Gemüse zugeben und Gemüsebrühe
  angießen.
- Aufkochen und 10 Minuten bei
  schwacher Hitze köcheln lassen. Anschließend bei geschlossenem Deckel
  etwa 20 – 30 Minuten ausquellen lassen. Gehackte Mandeln und Petersilie
  untermischen. Mit Salz und Pfeffer
  abschmecken.
- Aus der Masse kleine Taler formen und
  in Olivenöl knusprig braun backen.

Curry-Shiitakepilz-Risotto mit Tofu-Sticks

Gelingt leicht und schmeckt sehr pikant.

▶ **Für 2 Personen**
◷ **35 Min.**

Für das Risotto: 1 rote Zwiebel · 1 kleine Knoblauchzehe · 1 Stück Ingwer (15–20 g geschält) · 10 Shiitakepilze · 2 EL Sesamöl · 150 g Risottoreis · 100 ml Kokosmilch · 500 ml Gemüsebrühe · Salz · gemahlener schwarzer Pfeffer · ½ – 1 TL scharfes Currypulver · 1 Msp. Cayennepfeffer
Für die Tofusticks: 200 g Räuchertofu · 75 g Reismehl · 100 ml kaltes Wasser · Salz · 100 g Kokosfett zum Ausbacken

- Zwiebel und Knoblauch schälen und fein hacken. Ingwer schälen und fein hacken oder reiben. Sie brauchen davon etwa 1 Teelöffel. Shiitakepilze mit einem Pinsel säubern und in kleine Scheiben schneiden.
- Öl in einer Pfanne erhitzen, Zwiebeln, Knoblauch und Ingwer kurz anschwitzen, Shiitakepilze und Reis hinzufügen und unter Rühren kurz mitbraten. Mit Kokosmilch ablöschen. Etwa 200 ml Gemüsebrühe angießen, Salz, Pfeffer, Curry- und Cayennepfeffer unterrühren und unter gelegentlichem Rühren so lange bei mäßiger Hitze köcheln lassen, bis der Reis die Flüssigkeit aufgesaugt hat.
- Immer wieder Brühe angießen, bis der Reis die gesamte Brühe aufgenommen hat. Dies dauert etwa 20 Minuten.
- Währenddessen den Tofu in fingerdicke Stäbchen schneiden. Reismehl mit Wasser und Salz verrühren, die Tofu-Sticks darin ringsum durch den Teig ziehen. Das Kokosfett in einer weiteren Pfanne erhitzen und die Sticks darin goldgelb ausbacken.
- Zusammen mit dem Risotto auf vorgewärmten Tellern anrichten und am besten mit einem grünen Salat servieren.

Gemüserisotto

Einfach und schnell zuzubereiten!

▶ **Für 2 Personen**
◷ **35 Min.**

1 Schalotte · ½ Knoblauchzehe · 1 Karotte · 1 kleiner Lauch · 1 Stück Sellerie · 2 EL Olivenöl · 150 g Risottoreis · 100 ml Weißwein · 500 ml Gemüsebrühe

- Schalotte und Knoblauch schälen und sehr fein hacken. Karotte, Lauch und Sellerie waschen und in feinste Würfelchen schneiden.
- Öl in einem Topf oder einer tiefen Pfanne erhitzen. Schalotte und Knoblauch kurz anbraten, Gemüse hinzufügen und kurz mitdünsten. Jetzt Reis hinzufügen und unter ständigem Rühren mit einem Holzlöffel bei mittlerer Hitze mitdünsten. Mit Weißwein ablöschen und diesen fast völlig reduzieren.
- Unter ständigem oder zumindest sehr häufigen Rühren portionsweise die Gemüsebrühe zufügen, bis sie vollständig aufgebraucht ist. Dieser Vorgang dauert etwa 20 Minuten.
- Dann das fertige Risotto am Herdrand zugedeckt noch 5 Minuten ziehen lassen und servieren.

Kräuter-Risotto

Mit frischen Gartenkräutern eine äußerst delikate und preiswerte Mahlzeit.

▶ **Für 2 Personen**
🕑 **30 Min.**

1 Schalotte · ½ Knoblauchzehe · gemischte Kräuter (z. B. Petersilie, Schnittlauch, Basilikum, Majoran, Oregano, Thymian) · 1 Handvoll Spinatblätter (optional) · 2 EL Olivenöl · 150 g Risottoreis · 100 ml Weißwein · 500 ml Gemüsebrühe · etwas Öl

- Schalotte und Knoblauch schälen und fein hacken. Kräuter waschen, kleinschneiden oder fein zupfen. Sie brauchen davon etwa 1 kleine Tasse voll.
- Spinatblätter von den Stielen zupfen, die Blätter waschen und gut abtropfen lassen.
- Öl in einem Topf oder einer tiefen Pfanne erhitzen. Schalotte und Knoblauch kurz anbraten, Reis hinzufügen und unter ständigem Rühren mit einem Holzlöffel mitdünsten. Mit Weißwein ablöschen und diesen fast völlig reduzieren.
- Unter ständigem Rühren portionsweise die Gemüsebrühe zufügen, bis sie vollständig aufgebraucht ist.
- Nebenher den Spinat in einer separaten Pfanne oder Topf in etwas Öl kurz anbraten und wenden, bis er in sich zusammenfällt. Beiseite stellen und ebenso mit den Kräutern verfahren.
- Spinat und Kräuter unter das fertige Risotto mischen und am Herdrand noch zugedeckt 5 Minuten ziehen lassen und servieren.

Waldpilzrisotto

Wunderbar im Herbst, wenn es frische Pilze gibt.

▶ **Für 2 Personen**
🕑 **35 Min.**

300 g gemischte frische Pilze (Steinpilze, Pfifferlinge, Champignons, Shiitake) · 1 Knoblauchzehe · 1 Zwiebel · ½ Bund Thymian (ersatzweise 1 TL getrockneter Thymian) · ½ Bund Rucola-Blätter · 2 EL Olivenöl · 150 g Risottoreis · 100 ml Weißwein · 500 ml Gemüsebrühe · 1 EL Paprika edelsüß · 1 EL Tomatenmark · 1 TL Zitronensaft · ½ Bund Thymian (ersatzweise Petersilie) · Meersalz · schwarzer Pfeffer

- Pilze nur wenn nötig waschen, sonst mit einem Pinsel säubern und in Scheiben schneiden. Kleine Pilze halbieren. Knoblauch und Zwiebel schälen und fein würfeln. Thymian waschen, trocken schütteln, die Blättchen abzupfen und bis zum Gebrauch beiseite stellen. Rucola-Blätter ebenfalls waschen und bis zum Gebrauch beiseite stellen.
- 1 Esslöffel Öl in einer Pfanne erhitzen, Zwiebel und Knoblauch anschwitzen, Reis hinzufügen, unter Rühren 5 Minuten leicht anrösten und mit dem Weißwein ablöschen. Nun nach und nach unter ständigem Rühren die Gemüsebrühe hinzufügen, bis der Reis gar ist. Das dauert etwa 20 Minuten.
- In einer separaten Pfanne 1 Esslöffel Öl erhitzen und die Pilze gut unter ständigem Wenden anbraten. Mit Paprikapulver bestreuen, das Tomatenmark, den Zitronensaft und die Thymianblättchen unterrühren und alles zusammen zu dem Reis geben. Gut durchmischen und kräftig mit Salz und Pfeffer abschmecken. Auf möglichst vorgewärmten Tellern anrichten und mit Rucola-Blättern garnieren.

Paprika-Kräuter-Risotto

Sehr lecker durch die raffinierte und pikante Würze.

▶ **Für 2 Personen**

⏱ **50 Min.**

2 Schalotten · 1 Knoblauchzehe · 2 rote Paprikaschoten ·
1 Bio-Zitrone · ½ Bund Petersilie · 1 kleiner Rosmarinzweig ·
500 ml Gemüsebrühe · 2 – 3 EL Olivenöl · ½ TL Koriander ·
1,5 TL Fenchelsamen · 100 ml Weißwein · 150 g Risottoreis ·
Salz · Pfeffer · Cayennepfeffer

- Schalotten und Knoblauch schälen und fein hacken.
  Paprikaschoten waschen, entkernen und in kleine Quadrate schneiden. Zitrone waschen und mit dem Kartoffel-
  schäler Zesten abziehen und klein schneiden. Sie brauchen
  davon etwa 1½ Teelöffel. Die Hälfte der Zitrone zu Saft
  pressen. Petersilie waschen und fein hacken, Rosmarin
  waschen, die Nadeln abzupfen und fein hacken.
- Die Paprikawürfel in etwa 7 TL Gemüsebrühe bei geschlossenem Topf weich garen. Ab und zu umrühren. Das
  dauert etwa 20 Minuten. Danach mit einem Zauberstab
  pürieren und bis zum Gebrauch beiseite stellen.
- Das Öl in einer tiefen Pfanne erhitzen, Schalotten und
  Knoblauch anschwitzen, Reis, Koriander und Fenchelsamen untermischen. Den Reis unter Rühren glasig dünsten, Wein und Zitronenzeste hinzufügen und einkochen
  lassen. Dann nach und nach unter ständigem Rühren
  Brühe angießen, bis der Reis bissfest gegart ist.
- Die Herdplatte ausschalten und das Gericht mit Salz,
  Pfeffer und Cayennepfeffer abschmecken. Das Paprika-
  püree, 3 Teelöffel Zitronensaft, Rosmarin und Petersilie
  untermengen und servieren.

Linsenreis mit Sesam-Tofu-Schnitten

Enthält die volle Power der Ballaststoffe.

▶ **Für 2 Personen**

⏱ **45 Min. + 2 Stunden Marinierzeit**

200 g Tofu natur · 2 EL Sojasauce · 1 Zwiebel · 1 Bund frischer Dill · 2 – 3 EL kaltgepresstes Maiskeimöl · 100 g
schwarze Linsen (Puy Linsen oder Beluga) · 100 g Natur-/
Wildreismischung · ½ Liter Gemüsebrühe · 2 EL Sesamsamen · 100 g Hafersahne · weißer gemahlener Pfeffer

- Tofu kurz abtropfen lassen, in 4 Scheiben schneiden (z. B.
  einmal in der Mitte durchschneiden, dann vorsichtig längs
  halbieren), mit der Sojasauce beträufeln und zugedeckt
  2 Stunden ziehen lassen.
- Zwiebel schälen und fein hacken. Dill waschen, trocken
  tupfen, die Blättchen abzupfen, fein hacken und beiseite
  stellen.
- 1 EL Öl im Topf erhitzen. Zwiebel, Linsen und Reis bei
  mittlerer Hitze anbraten. Gemüsebrühe zugeben, einmal
  aufkochen und den Linsenreis in 35 – 45 Minuten bei
  mäßiger Hitze gar kochen.
- Inzwischen die Tofuscheiben in 1 EL Öl pro Seite 2 – 3 Minuten braten, herausnehmen und auf vorgewärmten
  Tellern warm halten.
- Den Sesam im restlichen Öl anrösten und über den Tofu
  streuen bzw. streichen.
- Die Brühe, die nach dem Garen vom Linsenreis nicht aufgesogen worden ist, in einen anderen Topf umgießen.
  Wurde die ganze Brühe aufgesogen, etwas Gemüsebrühe
  in einen Topf geben, die Hafersahne hinzufügen und alles
  bei starker Hitze unter Rühren auf etwa zwei Drittel einkochen lassen. Sauce mit Pfeffer abschmecken und den Dill
  untermischen. Den Linsenreis neben dem Tofu anrichten
  und beides mit Sauce überziehen.

▶ **Linsenreis mit Sesam-Tofu-Schnitten**

Linsen mit Spätzle

Das »Schwäbische Nationalgericht« in der veganen Variante!

▶ **Für 2 Personen**
⊘ **60 Min.**

Für das Linsengemüse:

2 – 3 Schalotten
1 kleine Karotte
50 g Knollensellerie
1 kleines Stück Ingwer
1 Knoblauchzehe
2 EL Olivenöl
150 g Alb-Leisa (oder andere Linsen)
1 TL Tomatenmark
1 TL Curry
1 Lorbeerblatt
100 ml trockenen Rotwein
50 ml roten Portwein
300 ml Gemüsebrühe
1 Kräuter-Lauch-Strauß (kleiner
der Länge nach halbierter Lauch
mit Thymian- und Petersilien-
Zweigen, zusammengebunden
mit Küchengarn)
Meersalz
frisch gemahlener weißer Pfeffer
2 EL Balsamico-Essig

Für die handgemachten Spätzle:

125 g Hartweizengrieß
125 g Spätzle- und Nudelmehl (z. B.
Fa. Spielberger demeter-Qualität)
1,5 TL Pfeilwurzelstärke
½ TL Meersalz
¼ TL Kurkuma (gibt den Spätzle die
schöne gelbe Farbe)
ca. ¼ Liter Wasser

– Für das Linsengemüse die Schalotten schälen, halbieren und in feine Ringe schneiden. Karotte und Sellerie waschen und in feine Würfel schneiden. Ingwer schälen und auf einer Ingwerreibe fein reiben, ersatzweise fein hacken. Sie brauchen davon etwa einen halben Teelöffel. Knoblauch schälen und fein hacken.

– Alles in einem Topf in 1 – 2 Esslöffel Olivenöl kurz andünsten. Linsen, Tomatenmark und Curry unterrühren und das Lorbeerblatt hinzufügen. Mit Rotwein und Portwein ablöschen und mit der Gemüsebrühe auffüllen.

– Den Kräuter-Lauch-Strauß hinzufügen und bei geschlossenem Deckel und mäßiger Hitze je nach Linsensorte etwa 30 Minuten köcheln lassen. Wenn die Linsen gar sind, den Strauß entfernen und mit Salz, Pfeffer und Balsamico-Essig abschmecken.

– Während die Linsen kochen, die Spätzle zubereiten: einen großen Topf Salzwasser mit etwas Öl zum Kochen bringen. Für den Teig den Grieß, das Mehl, die Pfeilwurzelstärke, das Salz und den Kurkuma in eine geräumige Schüssel geben und mit einem gelochten Holzlöffel nach und nach so viel Wasser unterrühren, dass ein zähfließender Teig entsteht. Den Spätzleteig gut durchschlagen.

– Den Teig in eine Spätzlepresse geben und in das kochende Salzwasser drücken. Wenn die Spätzle an die Oberfläche steigen, diese mit der Schaumkelle herausfischen und in eine Porzellanschüssel geben, bis alle Spätzle fertig sind. Im Backofen bei etwa 100 Grad warm halten.

– Die Spätzle mit dem Linsengemüse servieren.

▶ **Variante**

Wem hier partout die Saiten-Würste fehlen, der wird übrigens im Bioladen unter den alternativen veganen Fleischersatzprodukten fündig!

Cannelloni con Paprika und Tofu-Ragu

Diese Cannelloni können Sie mit beliebigen Gemüsesorten zubereiten.

- Mehl, Wasser und Salz mischen und mit den Händen zu einem Teig verkneten. Den Teig in Frischhaltefolie wickeln und für 1 Stunde in den Kühlschrank stellen.
- Zwiebel und Knoblauch schälen und fein hacken. Den Tofu mit der Gabel zerdrücken. Paprika waschen, entkernen und in feine Streifen schneiden. Champignons mit einem Pinsel reinigen, halbieren und in feine Blättchen schneiden.
- Backofen auf 180 Grad (Ober/Unterhitze) vorheizen.
- Olivenöl in der Pfanne erhitzen, Zwiebeln und Knoblauch kurz anbraten, den Tofu hineingeben und bei großer Hitze unter Rühren etwa 7 Minuten anbraten. Die Paprikastreifen hinzufügen und weitere 4 – 5 Minuten bei mittlerer Hitze braten. Champignons, Pinienkerne, Salz, Rosmarin und Thymian untermischen und weitere 2 – 3 Minuten braten. Am Schluss die Sahne unterrühren.
- Für die Tomatensauce alle Zutaten mischen und kurz erwärmen.
- Den Nudelteig auf einer bemehlten Arbeitsplatte hauchdünn ausrollen.
- Quadrate von etwa 12 cm² ausschneiden. Ein Teigstück in eine gefettete Auflaufform legen, Fülle hineingeben, die Rolle verschließen und so Rolle für Rolle fortfahren, bis alle Nudelquadrate und die Fülle verbraucht sind. Die Cannelloni mit Tomatensauce übergießen und im Backofen auf der mittleren Schiene etwa 40 Minuten backen.
- Für den Hefeschmelz Margarine in einem Topf schmelzen. Mehl mit dem Schneebesen unterrühren und etwa die Hälfte des Wassers einrühren. Hefeflocken, Paprika, Salz und restliches Wasser unterrühren und kurz aufkochen lassen. Zum Schluss den Senf unterrühren.
- Den Hefeschmelz 15 Minuten vor Ende der Backzeit auf die Cannelloni verteilen.

▶ **Für 2 Personen**
⊙ **60 Min. inkl. Ruhezeit des Nudelteigs + 40 Min. Backzeit**

Für den Nudelteig:
100 g Mehl
50 ml Wasser
¼ TL Salz

Für die Füllung:
1 rote Zwiebel
1 Knoblauchzehe
200 g Tofu natur
50 g rote Paprika
50 g gelbe Paprika
3 Champignons
1 EL Olivenöl
2 EL Pinienkerne
1 schwach gehäufter TL Salz
½ TL frischer oder getrockneter Rosmarin
½ TL frischer oder getrockneter Thymian
4 EL Soja- oder Hafersahne

Für die Tomatensauce:
200 g stückige Tomaten aus der Dose
1 TL Olivenöl
1 TL Gerstenmalz (oder Ahornsirup)
Meersalz und schwarzer Pfeffer

Für den Hefeschmelz (Käseersatz):
1 EL Margarine
1,5 TL Mehl
75 ml Wasser
2 EL Hefeflocken
¼ TL Paprika edelsüß
½ TL Meersalz
½ TL Senf

Sautierter Tofu mit Gemüse

Eine leichte Mahlzeit, die sehr schnell zubereitet ist.

▶ **Für 2 Personen**
🕐 **15 Min.**

1 Schalotte · eine Handvoll Pilze (Shiitake, Champignons, Pfifferlinge, Austernpilze oder gemischt) · 1 kleine rote Spitzpaprika · 1 Stange Sellerie · 1 Karotte · 3 Frühlingszwiebeln · 250 g Tofu · 1 EL Sesamöl · 3 EL Mais (aus dem Glas) · Salz oder Shoyu (Bio-Laden) · 2 EL Sesam

— Schalotte schälen und fein hacken. Pilze mit einem Pinsel säubern und in mundgerechte Stücke schneiden. Paprika waschen, entkernen und in kleine Streifen schneiden. Selleriestange waschen und schräg in feine Streifen schneiden. Karotte waschen und in Scheiben schneiden. Frühlingszwiebel waschen und in etwa 1 cm breite Streifen schneiden. Tofu in etwa 1 cm kleine Würfel schneiden.
— Sesamöl in einer Pfanne oder einem Wok erhitzen, Schalotte anbraten, Gemüse und den Mais hinzufügen und etwa 2 Minuten dünsten. Tofu untermengen. Mit Salz oder Shoyu würzen und alles unter ständigem Rühren mit einem Holzlöffel bei großer Hitze etwa 4 Minuten garen. Am Schluss die Frühlingszwiebel untermengen und die Pfanne vom Herd nehmen.
— In einer separaten Pfanne ohne Fett den Sesam kurz rösten, bis er zu duften beginnt.
— Das Gemüse auf Tellern anrichten, mit dem gerösteten Sesam bestreuen und mit Reis oder Reisnudeln servieren

▶ **Info**

»Sautieren« ist ein Begriff für alle Kochfreunde unter uns oder solche, die es werden wollen: Etwas zu sautieren (von französisch sauter = springen, hüpfen) heißt, es in einer Pfanne in heißem Fett kurz zu braten, zu rösten oder zu schwenken.

Chili sin Carne

Die vegane Variante zum beliebten Chili con Carne.

▶ **Für 2 Personen**
🕐 **30 Min.**

1 Knoblauchzehe · 1 Scheibe Ingwer · 1–2 Chilischoten (je nach Schärfe) · 1 Bio-Zitrone · 1 EL Olivenöl · ½ TL Korianderkörner · ½ TL Kreuzkümmelkörner (ersatzweise gemahlen) · 1 Zwiebel · 1 rote Paprika · 1 gelbe Paprika · 1 kleine Zucchini · 8 Stängel Petersilie · 200 g Räuchertofu · 2 EL Olivenöl · 1 Lorbeerblatt · 1 Dose stückige Tomaten (400 g) · Meersalz · 100 g Kidney-Bohnen aus der Dose

— Die Knoblauchzehe und den Ingwer schälen und sehr fein würfeln. Die Chilischoten waschen und in feine Ringe schneiden. Zitrone waschen und die Schale abreiben. Sie brauchen davon ½ Teelöffel.
— Knoblauch, Ingwer, Chili und Zitronenschale zusammen mit dem Öl und den Koriander- und Kreuzkümmelkörnern im Mörser zu einer Paste verarbeiten und beiseite stellen.
— Zwiebel schälen und fein hacken. Die Paprika waschen, entkernen und in feine Streifen schneiden. Zucchini waschen, der Länge nach halbieren und in etwa ½ cm dicke Scheiben schneiden.
— Petersilie waschen und fein hacken. Den Räuchertofu in etwa 1 cm kleine Würfel schneiden.
— In einem Topf das Olivenöl erhitzen, die Zwiebeln glasig dünsten. Dann Paprika, Zucchini und Räuchertofu unter ständigem Wenden kurz mitbraten. Etwa 50 ml Wasser angießen, damit nichts anbrennt. Lorbeerblatt, Salz, Gewürzpaste und die Tomaten hinzufügen und alles etwa 10 Minuten schwach köcheln lassen. Die Kidneybohnen hinzufügen und das Chili bei milder Hitze etwa 5 Minuten ziehen lassen. Mit Petersilie bestreut servieren.

Thai-Bohnengemüse mit Tofu und Reis

Das bunte Gericht macht schon beim Hinschauen Appetit!

▶ **Für 2 Personen**

⏱ **30 Min.**

100 g Reis · 1 Zwiebel · 1 Knoblauchzehe · 3 Frühlingszwiebeln · 1 rote Paprikaschote · 1 Peperoni · 200 g grüne Buschbohnen · 200 g Tofu natur · ½ Bund frischer Thai-Koriander · 2 EL Sesamöl · 50 g Bio-Thai-Lemon Marinade (z. B. Firma Bettane) oder eine andere vegane Thai-Paste-/Marinade (z. B. Fa. Arche, wenn Sie Paste anstelle von Marinade verwenden, bitte nur etwa 2 Teelöffel nehmen) · 3 EL Tamari

- Den Reis nach Packungsanleitung kochen.
- Zwiebel schälen und in halbe Ringe schneiden. Knoblauch schälen und fein hacken. Frühlingszwiebel waschen und schräg in etwa 1 cm breite Ringe schneiden. Paprika waschen, entkernen und in Streifen schneiden. Peperoni waschen und in feine Ringe schneiden.
- Bohnen waschen, die Enden sparsam abschneiden und entfernen, dann in mundgerechte Stücke von etwa 2 cm Länge schneiden. Tofu abtropfen lassen und in kleine Würfel schneiden. Den Koriander waschen, trocken tupfen und fein hacken.
- Zuerst den Wok und dann das Sesamöl darin erhitzen. Zwiebeln, Knoblauch und Peperoni darin anbraten, Tofu dazugeben und etwa 5 Minuten unter Rühren mitbraten. 1 – 2 EL Tamari hinzufügen.
- Bohnen, Paprika, Frühlingszwiebel und Thai-Marinade (oder Paste) hinzufügen und etwa weitere 5 Minuten bei mäßiger Hitze unter Rühren mitbraten. Am Schluss den Koriander darüber streuen und noch mit etwas Tamari abschmecken. Dann mit dem Reis auf Tellern anrichten und servieren.

Gemüsecurry mit Tofu und Sprossen

Ein Ausflug in die leckere und leichte indische Küche.

▶ **Für 2 Personen**

⏱ **40 Min.**

1 Tasse Reis · 200 g Tofu natur · 300 g reife Tomaten · 1 kleine Stange Lauch · 1 Stange Staudensellerie · 1 Schalotte · 1 Knoblauchzehe · 250 g Sprossen (z. B. gekeimte Mungobohnen, Kichererbsen, Linsen, gerne auch gemischt) · ½ Bund Petersilie · 2 EL kalt gepresstes Maiskeimöl (oder ein anderes hoch erhitzbares Pflanzenöl) · 150 g Soja Cuisine oder Hafersahne · je ¼ – ½ TL Kurkuma, Kreuzkümmel, gemahlener Koriander und gemahlener Kümmel · ¼ TL Cayennepfeffer · ½ Bio-Zitrone · Meersalz

- Den Reis nach Packungsanleitung garen.
- Tofu in etwa 1 cm kleine Würfel schneiden. Tomaten kreuzweise am Strunk einschneiden, mit kochendem Wasser überbrühen, häuten und achteln. Lauch und Sellerie waschen und in etwa 2 cm breite Stücke schneiden. Schalotten und Knoblauch schälen und fein hacken.
- Die Sprossen in einem Sieb kalt abspülen und gut abtropfen lassen. Petersilie waschen, trocknen und fein hacken.
- Das Öl im Wok erhitzen. Den Tofu etwa 5 Minuten anbraten, Knoblauch und Schalotten hinzufügen und kurz mitbraten. Das Gemüse, die Sprossen, die Sahne und die Gewürze untermischen. Alles einmal aufkochen und zugedeckt etwa 10 Minuten bei schwacher Hitze garen.
- Ein kleines Stück Zitronenschale in feine Stücke schneiden und die Zitrone auspressen. Sie brauchen etwa 1 EL Zitronensaft.
- Das Gemüsecurry mit Zitronenschale, Zitronensaft und Salz abschmecken, mit der Petersilie und der Zitronenschale bestreuen und mit Reis servieren.

Seitan-Geschnetzeltes mit Estragon und Senf

Seitan enthält viel wertvolles Eiweiß.

▶ **Für 2 Personen**
🕐 **15 Min.**

200 g Seitan · 4–5 Schalotten · 2 EL Olivenöl · Salz · Pfeffer · 1 TL Dijon Senf · 4 EL Cognac · 125 g Soja Cuisine (Provamel) oder Hafersahne · Meersalz und frisch gemahlener schwarzer Pfeffer · 1 TL getrockneter Estragon

- Den Seitan in mundgerechte Streifen oder Stücke schneiden. Schalotten schälen und in feine Ringe schneiden.
- Einen Esslöffel Öl in einer Pfanne erhitzen und den Seitan etwa 5 Minuten unter Wenden rundum anbraten. Mit Salz und Pfeffer würzen, aus der Pfanne nehmen und warm stellen.
- Restliches Öl erhitzen und die Schalotten glasig dünsten. Den Senf und den Cognac unterrühren und unter Wenden aufkochen lassen. Die Soja Cuisine hinzufügen und leicht einköcheln lassen. Mit Salz, Pfeffer und Estragon würzen.
- Die Seitan-Streifen untermischen, falls notwendig noch mal in der Sauce erhitzen und am besten mit Kartoffelpüree (siehe Seite 95) servieren.

Seitan-Päckchen

Die Zubereitung der Päckchen erfordert ein wenig Geschick.

▶ **Für 2 Personen**
🕐 **30 Min.**

1 Glas Seitan-Filets (z. B. Firma Arche, Bioladen) · 1 Stück Stangensellerie · 1 Karotte · 1 kleine Lauchstange · 2 Essiggurken · 1 Schalotte · ½ Knoblauchzehe · 2 EL Dijonsenf · Brat- oder Olivenöl zum Ausbacken · Küchengarn

- Seitan-Filets in einem Sieb abtropfen lassen. Selleriestange und Karotte waschen, vom Lauch das Grün abschneiden, die Stange der Länge nach halbieren und waschen. Sie brauchen davon nur eine Hälfte.
- Sellerie, Karotte und Lauch in etwa 5 – 7 cm lange Streifen schneiden und in einem Dämpfsieb etwa 5 Minuten dämpfen (oder in Salzwasser kurz blanchieren). Die Essiggurke in feine Würfel schneiden, die Schalotte und den Knoblauch schälen und in feine Würfelchen schneiden.
- Die Seitanfilets mit einem Küchenkrepp ausdrücken und in etwa 5 cm große Quadrate schneiden. Alle Quadrate reichlich mit Dijonsenf bestreichen.
- Die Hälfte der Quadrate mit Gurken-, Zwiebel- und Knoblauchwürfelchen belegen, ein paar Gemüsestreifen darauf legen und mit einem Seitanquadrat als Deckel belegen.
- Nun mit einem langen Stück Küchengarn unter das Päckchen gehen, oben verknoten und das Päckchen vorsichtig mit einem Pfannenwender wenden. Dann wie bei einem Geschenkpaket das Küchengarn von der anderen Seite oben verknoten. Auf diese Weise Päckchen für Päckchen vorgehen und in einer Pfanne etwa 3 Minuten von jeder Seite goldbraun anbraten.
- Dazu passen zum Beispiel Polenta-Schnitten von Seite 99 und grüne Blattsalate.

▶ Seitan-Geschnetzeltes

Marinierter Seitan mit Limette und Piment

Piment ist auch als Jamaicapfeffer oder Nelkenpfeffer bekannt.

▶ **Für 2 Personen**

🕐 **15 Min. + mindestens 60 Min. Marinierzeit**

300 g Seitan aus dem Glas (z. B. Fa. Arche; Bioladen) · 1 Limette · 2 Knoblauchzehen · 4 EL Tomatenketchup · 2 EL Rum · 1 TL gemahlener Piment (oder ganze Körner im Mörser zerstoßen) · 1 TL frisch gemahlener schwarzer Pfeffer · 1 TL Paprika extrascharf · 1 TL Paprika edelsüß · ½ TL Salz · 2 EL Sonnenblumenöl

- Seitan in einem Sieb abtropfen lassen und in zahlreiche Filets schneiden.
- Von der Limette die Schale abreiben, anschließend halbieren und zu Saft pressen. Sie brauchen 2–3 TL Limettensaft. Knoblauch schälen und sehr fein hacken.
- Das Tomatenketchup, den Rum, die Limettenschale, Limettensaft, Knoblauch und die Gewürze gut vermischen. Die Seitanfilets auf beiden Seiten mit der Marinade bestreichen (das gelingt am besten mit einem Esslöffel) und im Kühlschrank mindestens 1 Stunde marinieren.
- Das Öl in einer Pfanne erhitzen und die Filets samt der Marinade von beiden Seiten jeweils etwa 5 Minuten anbraten. Dazu passen Gemüse oder auch grüne Blattsalate.

Grillspieße mit Tofu und Frühlingszwiebeln

Gelingen leicht und sind gut vorzubereiten.

▶ **Für 2 Personen**

🕐 **10 Min. + 3 Std. Marinierzeit**

Für die Spieße: 200 g Tofu natur · 4 EL Sesam · 6 Frühlingszwiebeln
Für die Marinade: 1 kleine Knoblauchzehe · 1 kleines Stück Ingwer · ein paar Spritzer Peperoni-Sauce oder Tabasco · ½ TL Kurkuma · ½ Curry · Meersalz · Pfeffer · 8 EL Tamari

- Den Tofu gut abtropfen lassen oder mit einem Küchenkrepp ein wenig ausdrücken und in etwa 1,5–2 cm große Würfel schneiden. Die Tofuwürfel im Sesam wälzen.
- Die Frühlingszwiebeln waschen und in etwa 3 cm lange Stücke schneiden.
- Für die Marinade den Knoblauch fein hacken, den Ingwer reiben (etwa ½ Teelöffel) und zusammen mit dem Tabasco, Kurkuma, Curry, Salz, Pfeffer und Tamari zu einer Sauce verrühren.
- Die Tofuwürfel in die Marinade legen und am besten über Nacht oder mindestens 3 Stunden ziehen lassen.
- Abwechselnd Tofu und Frühlingszwiebeln auf die Spieße stecken. Etwa 10 Minuten auf den heißen Grill legen.

WISSEN

Seitan

Seitan wird durch Auswaschen der Stärke aus Weizen gewonnen. Das verbleibende Klebereiweiß (Gluten) hat eine faserige schnittfeste Struktur. Seitan kann natur oder paniert, gebraten, gekocht oder frittiert zubereitet werden und ist als Suppenbeilage geeignet. Sehr schmackhaft ist Seitan als kalter Brotbelag. Es lässt sich ebenso für ungewöhnliche Gerichte wie »veganes Gyros« oder vegetarische Kebabs verarbeiten und ist auch schon fertig gewürzt im Naturkosthandel erhältlich. Selbst »eingefleischte« FleischesserInnen reagieren oft sehr ungläubig, da diesem Produkt äußerlich, vom Biss und je nach Würzen auch geschmacklich die rein pflanzliche Herkunft kaum anzumerken ist. Einige VegetarierInnen fühlen sich daher fast schon wieder zu sehr an Fleisch erinnert. Seitan hat einen hohen Eiweißgehalt, im Unterschied zu Fleisch enthält es jedoch kein Cholesterin und so gut wie kein Fett.

Tempeh-Grillspieße

Diese Spieße schmecken auch meinen nicht-veganen Freunden!

▶ **Für 2 Personen**

🕐 **25 Min. + 60 Min. Marinierzeit**

Für die Marinade: 1 kleine Knoblauchzehe · 1 Stück frischer Ingwer · ein paar Spritzer Tabasco · Salz · Pfeffer · 2 EL Tamari
Für die Spieße: 100 g Tempeh (ersatzweise Tofu) · 1 rote Paprikaschote · 1 kleine Zucchini · 1 Zwiebel · 100 g frische Ananas

- Für die Marinade den Knoblauch schälen und fein hacken. Den Ingwer schälen und reiben und zusammen mit dem Tabasco, Salz, Pfeffer und Tamari zu einer Sauce verrühren.
- Tempeh in mindestens 1 cm dickel Würfel schneiden und in der Marinade ca. 1 Stunde oder länger marinieren.
- Paprikaschote waschen, entkernen und in etwa 2 \x 2 cm große Quadrate schneiden. Zucchini waschen und in dicke Scheiben schneiden, Zwiebel schälen und vierteln. Die Ananas in Scheiben schneiden, von der Schale befreien und in grobe Würfel schneiden.
- Die Paprikastücke und die geviertelte Zwiebel in eine Schüssel geben, mit kochendem Wasser übergießen und 2 Minuten blanchieren.
- Gemüse, Ananas- und Tempehstücke abwechselnd auf die Spieße stecken und mit der Marinade bestreichen.
- Anschließend auf den Grill oder in den Backofen legen, bis sie eine schöne Bräune haben, und mit Baguette servieren.

Gegrillter Spargel mit getrockneten Tomaten und Kräuter-Kartoffeln

Für Grill und Backofengrill geeignet.

▶ **Für 2 Personen**

🕐 **40 Min.**

500 g neue Bio-Kartoffeln · 1 kg weißer Spargel · 5 getrocknete Tomaten · 3 EL Sesamöl · 2 EL frischer oder getrockneter Estragon · 1 TL Puderzucker · 1 TL Himbeeressig · Meersalz · Pfeffer · 1 MSP Chilipulver

- Ggf. den Backofen auf 250 Grad vorheizen. Die Kartoffeln waschen und mit der Schale weich kochen.
- Spargel kurz mit Wasser abwaschen, die Spargelenden etwa 1 cm lang abschneiden und den Spargel mit einem Spargelschäler schälen. Getrocknete Tomaten in feine Streifen oder kleine Würfel schneiden.
- 2 große Stücke Alufolie abreißen und jeweils mit etwas Sesamöl einpinseln. Die Spargelstangen auf den beiden Folien der Länge nach verteilen, jeweils mit Estragon und Puderzucker bestreuen, die getrockneten Tomatenstreifen darüber geben, mit Sesamöl und Himbeeressig beträufeln. Zum Schluss sehr sparsam salzen, pfeffern und einen Hauch Chilipulver darüber geben.
- Die Alufolienpäckchen gut verschließen (sie sehen dann aus wie Bonbons) und etwa 25 Minuten auf den heißen Grill legen oder in der Grill-Funktion im Backofen bei 250 Grad grillen.
- Die Alufolie entfernen und den Spargel auf 2 Teller verteilen. Kartoffeln ggf. schälen und aufschneiden und mit wenig Estragon bestreut servieren. Auf Wunsch können die Kartoffeln auch noch mit etwas Sesamöl beträufelt werden.

▶ **Variante**

Statt Estragon kann auch Salbei frisch oder getrocknet verwendet werden.

HAUPTGERICHTE

Grillspieße mit Kartoffeln, Zitrone und Salbei

Der knusprig gegrillte Salbei ist einfach ein Genuss!

▶ **Für 2 Personen**

🕐 **10 Min. + 15 Min. Kochzeit Kartoffeln + 60 Min. Ziehzeit**

Für die Marinade: 1 Peperoni (kann man weglassen, wenn man es nicht scharf mag) · 1 kleines Stück Ingwer · 2 Knoblauchzehen · 3 EL Olivenöl · Meersalz · schwarzer Pfeffer
Für die Spieße: 14 sehr kleine neue Bio-Kartoffeln · 2 Zitronen · 12 Blätter Salbei · Holz- oder Metallspieße

- Für die Marinade die Peperoni waschen und fein hacken, den Ingwer schälen und mit einer Ingwerreibe reiben (ersatzweise sehr fein hacken). Den Knoblauch schälen und sehr fein hacken. In eine kleine Schüssel geben und mit dem Olivenöl vermischen. Anschließend salzen und pfeffern und die Marinade etwas durchziehen lassen.
- Die Kartoffeln waschen und mit der Schale etwa 15 Minuten vorkochen. Die Zitronen in etwa ½ cm dicke Scheiben schneiden. Dann den gelb-weißen Zitronenrand so weit wie möglich von den Scheiben wegschneiden, dass nur noch ein schmaler weißer Rand vorhanden ist. Sie brauchen 12 Zitronenscheiben. Man kann sie aber bei Bedarf auch halbieren.
- Die Salbeiblätter waschen und trocken tupfen.
- Abwechselnd Kartoffeln, Zitronen und Salbeiblätter auf die Grillspieße stecken, mit dem Knoblauchöl bestreichen und etwa 10 Minuten auf dem Grill oder im Backofen grillen.

Lauch-Blätterteig-Taschen mit Hefeschmelz

Ein köstliches Gericht für fast alle Anlässe.

▶ **Für 2 Personen**

🕐 **20 Min. + 15 Min. Backzeit**

3–4 Stangen Lauch · 1 große rote Zwiebel · 1 Knoblauchzehe · 1 EL Olivenöl · 2 EL Tamari · Meersalz · Pfeffer · 1 Msp. Muskat · 3 EL Soja Cuisine · 3 EL Margarine · 3 TL Mehl · 150 ml Wasser · 4 EL Hefeflocken · ¼ – ½ TL Paprika edelsüß · 1 TL Meersalz · 1 TL Senf · 6 Scheiben veganer TK-Blätterteig (300 g)

- Den Backofen auf 180 Grad (Ober-/Unterhitze) vorheizen.
- Die Lauchstangen vom Grün trennen, längs halbieren und die Lauchteile gut waschen. Anschließend in feine Ringe schneiden. Die Zwiebel schälen, halbieren und in feine Ringe schneiden. Knoblauch schälen und fein hacken.
- In einer Pfanne das Olivenöl erhitzen, Lauch, Zwiebel und Knoblauch darin unter ständigem Wenden anbraten. Mit Tamari ablöschen, mit Salz, Pfeffer und Muskat würzen. Die Soja Cuisine dazugeben und bei geringer Hitze köcheln lassen, bis der Hefeschmelz zubereitet ist.
- Für den Hefeschmelz die Margarine in einem Topf schmelzen, Mehl mit dem Schneebesen unterrühren und etwa die Hälfte des Wassers einrühren. Hefeflocken, Paprika, Salz und restliches Wasser unterrühren und kurz aufkochen lassen. Zum Schluss den Senf unterrühren und den fertigen Hefeschmelz unter das Lauchgemüse mischen.
- Die Blätterteigscheiben auf ein mit Backpapier ausgelegtes Backblech legen. Die Fülle gleichmäßig auf die Scheiben verteilen und so gut es geht verschließen.
- Auf der mittleren Schiene im Backofen etwa 15 Minuten backen.

Soja-Paprika-Bratlinge

Raffiniert und gelingen leicht.

▶ **Für 2 Personen**

🕙 **30 Min.**

125 g Sojagranulat (Bioladen, z. B. Fa. Davert) · 300 ml Gemüsebrühe · 1 Zwiebel · 1 kleine rote Paprika · 50 g Semmelbrösel · 1 TL Dijonsenf · 1 EL Pfeilwurzelkernmehl · 1 TL Johannisbrotkernmehl · ½ TL Meersalz · ¼ TL frisch gemahlener schwarzer Pfeffer · ½ TL Paprikapulver extra-scharf (oder edelsüß, wenn man es nicht scharf möchte) · 1 Msp. Currypulver · 2 – 3 EL Öl

- Sojagranulat mit der Gemüsebrühe aufkochen und 10 Minuten ausquellen lassen. Überschüssiges Wasser wegschütten und das Sojagranulat in einem Sieb etwas abkühlen lassen.
- Zwiebel schälen und fein hacken. Paprika waschen, entkernen und in kleine Würfel schneiden.
- Mit den übrigen Zutaten (bis auf das Öl) in einer Schüssel mischen und mit den Händen gut durchkneten. Wenn der Teig etwas trocken ist, ein wenig Wasser hinzufügen.
- Aus der Masse 4 Bratlinge formen und in einer Pfanne mit Öl von beiden Seiten goldbraun anbraten. Dazu passt z. B. Kartoffelpüree und ein grüner Salat.

HAUPTGERICHTE

Kichererbsen mit Paprika und Fenchel

Die Kichererbse gilt wegen ihres hohen Eiweißgehalts als das Hühnchen unter den Gemüsesorten.

▶ **Für 2 Personen**
⊙ **25 Min. + 12 Stunden Einweichzeit Kichererbsen + 60 Min. Garzeit**

50 g Kichererbsen · 1 große Paprikaschote · 1 kleiner Fenchel · 2–3 Frühlingszwiebeln · ½ Bund frischer Koriander · 1 EL Olivenöl · 2–3 TL vegane Currypaste · 100 ml Gemüsebrühe · 100 ml Kokosmilch · 1 TL Limetten- oder Zitronensaft · Meersalz · ½ Bund frischer Koriander

– Kichererbsen 12 Stunden in kaltem Wasser einweichen. Danach unter fließendem Wasser waschen und mit Wasser bedeckt etwa 1 Stunde garen.
– Paprika waschen, entkernen und in feine Streifen schneiden. Fenchel waschen und ebenfalls in feine Streifen schneiden. Frühlingszwiebeln waschen und in schräg in etwa 1 cm breite Streifen schneiden. Koriander waschen, trocken tupfen, fein hacken und bis zum Gebrauch beiseite stellen.
– Das Öl in einer Pfanne oder in einem Wok erhitzen. Paprika, Fenchelstreifen und Frühlingszwiebel kurz anbraten, Currypaste zugeben und unterrühren. Mit der Gemüsebrühe und der Kokosmilch ablöschen und bei mäßiger Hitze etwa 10 Minuten köcheln lassen. Mit Limettensaft und Salz abschmecken und mit Koriander bestreut servieren.
– Dazu passen am besten Reis oder Reisnudeln.

Pastinaken-Puffer mit Thai-Sauce

Keine Angst vor makrobiotischen Zutaten!

▶ **Für 2 Personen**
⊙ **40 Min.**

Für die Puffer: 2 mittelgroße Pastinaken · 1–2 Zwiebeln · 2 EL gehackte Petersilie · ½ TL Meersalz · 150–200 g Dinkelmehl (je nach Pastinakengröße) · 150–200 ml Wasser oder dünne Gemüsebrühe · Sonnenblumenöl
Für die Thai-Sauce: ½ Bund frischer Koriander (ersatzweise Frühlingszwiebeln) · 1 Stück Ingwer · 1 EL Shiro Miso (Bio-Laden) · 1 EL Reismalz (Bio-Laden) · 4 EL Reisessig (Bio-Laden) · etwas kalte Gemüsebrühe · 2 EL Ume Su (Bio-Laden)

– Pastinaken waschen, trocknen und sehr fein raspeln. Zwiebeln schälen und fein hacken. Petersilie waschen, trocken tupfen und ebenfalls fein hacken.
– Pastinaken und Petersilie in einen Topf geben, Salz, Mehl und Gemüsebrühe hinzufügen und mit den Händen zu einem sämigen Teig verkneten. Der Teig sollte eine leicht klebrige Konsistenz haben.
– Koriander waschen, trocknen und fein hacken bzw. bei Verwendung von Frühlingszwiebeln diese in feine Ringe schneiden. Ingwer schälen und fein hacken oder reiben (Sie brauchen davon etwa 1 Teelöffel). Alle Zutaten mit Ausnahme der Gemüsebrühe und Ume Su pürieren. Gemüsebrühe bis zur gewünschten Konsistenz zugeben. Die Sauce beiseite stellen.
– Pfanne erhitzen und bodenbedeckt mit Sonnenblumenöl füllen. Die Puffer bei mäßiger Hitze mindestens 5 Minuten auf jeder Seite knusprig hellbraun ausbacken.
– Auf Tellern anrichten, mit wenig Ume Su beträufeln und mit der Thai-Sauce servieren. Frische grüne Blattsalate passen besonders gut dazu.

Pfannkuchen mit Pilz-, Tomaten- und Kräuterfüllung

Ein kleines Gericht zum Sattwerden.

▶ **Für 2 Personen**

🕐 **30 Min. + 30 Min. Ruhezeit**

Für die Pfannkuchen: 200 g Mehl (130 g Weizen oder Dinkel und 70 g Buchweizen) · ½ TL Meersalz · 1 TL Ahornsirup · frische Kräuter oder getrocknete Kräuter der Provence · 300 ml kohlensäurehaltiges Mineralwasser · Kokosöl zum Ausbacken

Für die Fülle: 1 Knoblauchzehe · 1 Zwiebel · ½ Peperoni · 200 g Shiitake-Pilze (oder andere frische Pilze) · 1 große Tomate · frische Kräuter (Petersilie, Schnittlauch) oder getrocknete Kräuter der Provence · 1 EL Olivenöl · Meersalz · schwarzer Pfeffer

- Mehl und Salz vermischen, Ahornsirup und Kräuter hinzufügen und mit einem Handrührgerät das Mineralwasser nach und nach einrühren, bis der Teig eine dickflüssige Konsistenz hat. Den Teig etwa 30 Minuten ausquellen lassen.
- Knoblauch und Zwiebel schälen und fein hacken, Peperoni waschen und klein hacken. Pilze mit einem Pinsel säubern, dann in Scheiben oder grobe Stücke schneiden. Tomate waschen und in kleine Würfel schneiden. Kräuter waschen, trocken tupfen und fein hacken.
- Kokosöl in der Pfanne erhitzen und aus dem Teig 4 Pfannkuchen ausbacken.
- In einer weiteren Pfanne das Olivenöl erhitzen, Knoblauch, Zwiebel und Peperoni anbraten, Pilze und Tomaten hinzufügen und unter gelegentlichem Wenden etwa 5 Minuten bei mäßiger Hitze braten. Am Schluss die Kräuter untermengen und mit Salz und Pfeffer würzen.
- Das Gemüse gleichmäßig auf die Pfannkuchen verteilen, zusammenklappen und servieren. Ergibt für jeden 2 gefüllte Pfannkuchen.

Pilz-Gulasch

So lassen sich auch Fleischesser beeindrucken!

▶ **Für 2 Personen**

🕐 **45 Min.**

400 g frische Pilze (verschiedene Sorten) · 1 große Zwiebel · 1 kleine Kartoffel · 1 Knoblauchzehe · 4 EL Olivenöl · 5 g getrocknete Steinpilze · 2 EL Paprika edelsüß · Meersalz · Pfeffer · 350 ml Wasser · 1 EL Tomatenmark · 75 ml Weißwein · 1 Bund glatte Petersilie · 150 ml Sojasahne · 1 TL Zitronensaft · ¼ TL Cumin (Kreuzkümmel)

- Die Pilze mit einem Pinsel säubern. Die Stielenden abschneiden und beiseite stellen (etwa 80 g).
- Die Zwiebel schälen. Eine Hälfte in Scheiben schneiden, die andere in feine Würfel. Die Kartoffel und die Knoblauchzehe in feine Scheiben schneiden.
- In einem Topf 2 Esslöffel Öl erhitzen und die Zwiebel-, Kartoffel- und Knoblauchscheiben kurz anbraten. Die Enden der Pilzstiele mit den getrockneten Steinpilzen dazugeben und kurz unter Wenden mitbraten.
- 1 Esslöffel Paprika darüber stäuben, mit Salz und Pfeffer würzen und das Wasser angießen. Den Sud etwa 30 Minuten köcheln lassen. Dann durch ein Sieb gießen und in einem Behältnis den Sud auffangen. Das Gemüse kann entsorgt werden.
- Die Pilze grob zerkleinern. 2 Esslöffel Öl in einem Topf erhitzen, die Zwiebelwürfel andünsten, einen gehäuften Esslöffel Paprika und das Tomatenmark hinzufügen und kurz anbraten. Pilze hinzufügen und mit Salz und Pfeffer würzen. Mit Weißwein und Pilzsud ablöschen und 10 Minuten köcheln lassen.
- Die Petersilie waschen, trocken tupfen und fein hacken. Zusammen mit der Sahne, dem Zitronensaft und dem Cumin zur Sauce geben. Dazu passen Semmelknödel oder Reis und ein grüner Salat.

Rouladen mit Rotkohl und Bulgur

Pilze, Bulgur und Kräuter ergeben eine zarte Füllung.

▶ **Für 2 Personen**
⊙ **70 Min.**

1 kleiner Rotkohl
80 g Bulgur
1 kleine Zwiebel
1 kleine Knoblauchzehe
100 g Champignons
8 Stängel frische Petersilie
2 EL Olivenöl
2 EL Sprossen
3 TL Weizen- oder Dinkelvollkornmehl
½ TL getrockneter Thymian
3 TL gehackte Walnüsse
½ TL getrocknetes Basilikum
100 ml Apfelsaft
2 EL Calvados (ersatzweise Apfelsaft)
70 ml Gemüsebrühe
Salz
Pfeffer
Zahnstocher oder Küchengarn

- Vom Rotkohl 2 große oder 4 kleine Blätter abnehmen. Den Strunk vom Rotkohlkopf abschneiden und alles zusammen 15 Minuten in Wasser köcheln lassen (die Blätter lassen sich dann ganz leicht lösen).
- Bulgur in ¼ Liter heißem Wasser etwa 30 Minuten einweichen. Das Wasser anschließend aufbewahren.
- Zwiebel und Knoblauch schälen und fein hacken. Champignons nur wenn nötig waschen, sonst nur mit einem Pinsel säubern und in feine Blättchen schneiden. Petersilie waschen, trocken tupfen und fein hacken. Sie brauchen davon etwa 2 Esslöffel.
- Das Öl in einer Pfanne oder einem Topf erhitzen, Champignons dazugeben und kurz anrösten, dann Zwiebeln und Knoblauch dazugeben und kurz dünsten.
- Das Einweichwasser vom Bulgur dazugießen und kurz aufkochen. Bulgur einrühren und garen (was sehr schnell geschieht). Vom Herd nehmen und abkühlen lassen.
- Sprossen waschen, abtropfen lassen und mit dem Vollkornmehl unter die Masse heben. Thymian, Walnüsse, Petersilie und Basilikum unterrühren, gut salzen und pfeffern.
- Die blanchierten Kohlblätter mit der Masse füllen, die Seiten der Blätter zur Mitte hin einschlagen und dann aufrollen und mit Zahnstochern zusammenstecken (man kann auch Kochgarn nehmen).
- In einer Pfanne Olivenöl erhitzen, Rouladen einschichten, Apfelsaft, Calvados und Gemüsebrühe mischen und die Hälfte davon über die Rouladen gießen und 10 Minuten garen. Dann Rouladen vorsichtig wenden, mit der zweiten Hälfte des Apfelsaft-Brühe-Gemisch übergießen und 20 Minuten garen.
- Mit Salz und Pfeffer abschmecken und servieren.

Kürbis-Gnocchi

Einer meiner Gäste meinte: »So etwas Gutes hab ich noch nie gegessen!«

▶ Für 2 Personen
⊙ **30 Min. + 10 Min. Kochzeit**

Für die Gnocchi:

1 nicht zu kleiner Hokkaido-Kürbis (max. 1 kg brutto)
2 Schalotten
1 Zweig Rosmarin
10 Blätter Salbei
150 g feines Weizenmehl Type 550 oder Dinkelmehl Type 630
1 Msp. Zimt
1 TL Meersalz
2 Msp. frisch gemahlener schwarzer Pfeffer
1 Spritzbeutel (ersatzweise kann man die Gnocchi auch mit 2 Esslöffeln in das kochende Wasser geben)

Für das Knoblauch-Kräuter-Öl:

1 Knoblauchzehe
1 Zweig Rosmarin
7 Blätter Salbei
4 – 5 EL Olivenöl

- Kürbis waschen, vierteln, Kerngehäuse entfernen und MIT der Schale in Würfel schneiden. Sie brauchen von den Kürbiswürfeln etwa 600 Gramm. In einem Dampfgarer weich kochen, was etwa 15 Minuten dauert. Anschließend mit dem Zauberstab pürieren.
- Einen großen Topf mit Wasser mit Salz zum Kochen bringen. Eventuell den Backofen auf 100 Grad vorheizen, um die fertigen Gnocchi warm zu halten.
- Schalotten schälen und sehr fein hacken. Anschließend mit etwas Olivenöl in der Pfanne kurz glasig dünsten und bis zum Gebrauch beiseite stellen. Rosmarin und Salbei waschen und trocken tupfen. Beides sehr fein hacken.
- Zusammen mit dem Mehl und dem Zimt, dem Salz, Pfeffer und den Schalotten zu der Kürbismasse geben und mit den Händen gut vermengen. So viel Mehl hinzufügen, dass es eine zähe nicht zu feuchte Masse ist. Die Masse in einen Spritzbeutel füllen und direkt in etwa 2 – 3 cm langen Gnocchi in das kochende Wasser geben. Die Gnocchi darin etwa 5 Minuten köcheln lassen. Wenn sie an der Oberfläche schwimmen, sind sie fertig. Mit einer Schaumkelle herausnehmen und ggf. im Ofen bei etwa 100 Grad warmstellen, bis alle Gnocchi fertig sind.
- Für die Sauce Knoblauch schälen und fein hacken, Rosmarin und Salbei waschen, trocken tupfen und sehr fein hacken. Das Olivenöl erhitzen und die Kräuter und den Knoblauch darin etwas 5 – 10 Minuten ziehen lassen. Bitte aufpassen, dass der Knoblauch nicht anbrennt.
- Die Gnocchi auf Tellern anrichten, mit etwas Knoblauch-Kräuter-Öl übergießen und eventuell mit grünen Blattsalaten servieren.

Paella

Die beliebte spanische Reispfanne ganz vegan.

▶ **Für 2 Personen**

⊙ **50 Min.**

1 Schalotte · 2 – 4 Knoblauchzehen · 1 kleine Peperoni ·
1 gelbe Paprikaschote · 1 rote Paprikaschote · 100 g grüne
Bohnen · 1 kleine Lauchstange · 1 Stiel Staudensellerie ·
1 kleine Karotte · 5 Okra-Schoten (optional, bekommt man
selten frisch) · 1 – 2 EL Olivenöl · 200 g Vollkornreis · Meersalz
schwarzer Pfeffer · 600 ml Gemüsebrühe · 1 Lorbeerblatt ·
1 Döschen Safranfäden · 2 Tomaten

- Schalotte und Knoblauch schälen und fein hacken. Peperoni waschen und in feine Ringe schneiden. Paprikaschoten waschen, entkernen und in kleine Stücke schneiden. Bohnen waschen, die beiden Enden wenn nötig wegschneiden und anschließend in mundgerechte Stücke schneiden.
- Lauch längs halbieren, waschen und in Streifen schneiden. Sellerie und Karotte waschen, den Sellerie in feine Scheiben und die Karotte in kleine Stücke schneiden. Die Okraschoten waschen und ganz lassen.
- Das Öl in einer großen Pfanne oder einem Wok erhitzen, Reis, Knoblauch und Schalotten darin glasig dünsten. Gemüse zufügen und unter Rühren anbraten. Mit Salz und Pfeffer würzen, die Brühe angießen, das Lorbeerblatt und die Safranfäden zugeben und zugedeckt etwa 35 Minuten bei mäßiger Hitze leicht köcheln lassen, bis der Reis gar ist.
- In der Zwischenzeit die Tomaten waschen und in kleine Würfel schneiden, dabei den Stielansatz entfernen. Die Tomaten am Ende der Garzeit unter die Paella heben und mit Salz und Pfeffer nochmals abschmecken.

Weiße Bohnen-Sauerkraut-Pfanne

Zur Sauerkraut-Zeit ist das mein Lieblingsgericht!

▶ **Für 2 Personen**

⊙ **20 Min. + 12 Stunden Einweichzeit der Bohnen + 60 Min.
Kochzeit der Bohnen**

150 g weiße Riesenbohnen (oder normale Bohnen) · 1 TL
gekörnte Brühe · 1 Lorbeerblatt · getrocknete oder frische
Kräuter wie Thymian, Salbei, Rosmarin, Liebstöckel · 1 kleine
Zwiebel · ½ Bund Petersilie · 250 g Sauerkraut (vorzugsweise EDENkraut aus dem Reformhaus) · 3 Wacholderbeeren ·
1 EL Olivenöl · etwa ½ TL Paprikapulver edelsüß · 1 EL Tomatenmark · 4 EL Hafersahne · Meersalz

- Die Bohnen 12 Stunden einweichen.
- Bohnen mit frischem Wasser und gekörnter Brühe, Lorbeerblatt und den Kräutern aufsetzen und etwa 60 Minuten garen. Bei frischen Kräutern diese mit Küchengarn zu einem kleinen Strauß binden. Nach der Kochzeit die Bohnen in ein Sieb schütten, etwas Brühe aufheben und beiseite stellen. Den Kräuterstrauß entsorgen.
- Zwiebel in feine Würfel schneiden. Petersilie waschen, fein hacken und bis zum Gebrauch beiseite stellen. Sauerkraut eventuell grob schneiden. Wacholderbeeren im Mörser grob zerstoßen.
- Öl in einer Pfanne erhitzen, Zwiebel andünsten. Paprikapulver edelsüß darüber stäuben, das Sauerkraut, die Wacholderbeeren und das Tomatenmark zugeben. Kurz durchschmoren, dann die Bohnen mit etwas Brühe zugeben und vermischen. Hafersahne hinzufügen, noch mal erhitzen und mit etwas Salz abschmecken. Zum Schluss mit Petersilie bestreuen und servieren.

Wirsing-Spätzle

Unverzichtbar, wenn es frischen Wirsing auf dem Markt gibt.

▶ **Für 2 Personen**
🕐 **60 Min.**

Für das Wirsinggemüse:

1 kleiner Wirsing
1 rote Zwiebel
2 EL Olivenöl
Meersalz
frisch gemahlener schwarzer
Pfeffer
¼ Liter Gemüsebrühe
1 Kartoffel
100 g Räuchertofu
1 EL Öl

Für die handgemachten Spätzle:

125 g Hartweizengrieß
125 g Spätzle- und Nudelmehl
(z. B. Fa. Spielberger in
Demeter-Qualität)
1,5 TL Pfeilwurzelstärke
½ TL Meersalz
¼ TL Kurkuma (gibt den Spätzle die
schöne gelbe Farbe)
ca. ¼ Liter Wasser

– Den Wirsing in feine Streifen schneiden, gut waschen und abtropfen lassen. Zwiebel schälen und fein hacken. 2 EL Öl in einer hochwandigen Pfanne erhitzen, die Zwiebeln anbraten und den Wirsing hinzufügen. Unter Wenden etwa 5 Minuten anbraten, Salz, Pfeffer und ein wenig Brühe dazugeben. Etwa eine halbe Stunde bei geringer bis mittlerer Hitze dünsten lassen und ab und zu umrühren.

– Währenddessen die Kartoffel waschen, schälen und fein reiben. Den Tofu in kleine Würfel schneiden und in einem Esslöffel Öl unter Wenden etwa 5 – 10 Minuten gut anbraten. Kurz vor Ende der Garzeit das Wirsing-Gemüse mit der geriebenen Kartoffel abbinden und die gebraten Tofuwürfel untermischen.

– Für die Spätzle einen großen Topf mit Salzwasser und etwas Öl zum Kochen bringen. Für den Teig den Grieß, das Mehl, die Pfeilwurzelstärke, das Salz und die Kurkuma in eine geräumige Schüssel geben und mit einem gelochten Holzlöffel nach und nach so viel Wasser unterrühren, dass ein träger zähfließender Teig entsteht. Den Spätzleteig gut durchschlagen.

– Den Teig in eine Spätzlespresse geben und in das kochende Salzwasser drücken. Wenn die Spätzle an die Oberfläche steigen, diese mit der Schaumkelle herausfischen und in eine Porzellanschüssel geben bis alles Spätzle fertig sind.

– Die Spätzle unter das Wirsing-Gemüse mischen, nochmals kurz erwärmen und servieren.

▶ **Variante**

Wer möchte, kann das Gericht noch mit ein wenig Sojacuisine verfeinern.

Zucchiniküchlein

Mediterran und sommerlich – lecker!

▶ **Für 2 Personen**

⊙ **25 Min.**

1 Zwiebel · 50 g Räuchertofu · 400 g
Zucchini · 8–10 Pfefferminzblätter ·
3 Stängel Petersilie · 25 g Mehl · 3 EL
Paniermehl · ½ TL Backpulver · Salz ·
schwarzer Pfeffer · 5 EL Olivenöl

- Zwiebel schälen und fein hacken.
  Räuchertofu in feine Würfel schneiden. 1 Esslöffel Olivenöl in einer Pfanne erhitzen und die Zwiebelwürfel mit
  dem Räuchertofu etwa 10 Minuten
  unter häufigem Wenden gut anbraten.
  Es entwickelt sich ein speckähnlicher
  Geruch. Anschließend etwas abkühlen
  lassen.
- Zucchini waschen und fein raspeln.
  Zucchiniraspel mit Küchenkrepp gut
  ausdrücken. Pfefferminze und Petersilie waschen und fein hacken.
- Mehl, Paniermehl und Backpulver verrühren und mit der Zucchinimasse
  vermengen. Pfefferminze, Petersilie,
  Tofu-Zwiebel-Gemisch, Salz und Pfeffer untermischen und die Masse gut
  mit den Händen verkneten. Etwa 7 – 8
  Küchlein formen und in heißem Öl von
  beiden Seiten goldbraun anbraten.

Gefüllte Paprika mit Adzukibohnen

Ein sehr eiweißreiches, fernöstliches Rezept.

▶ **Für 2 Personen**

⊙ **70 Min. + 12 Std. Einweichzeit der Bohnen**

Für die gefüllten Paprikaschoten:

100 g Azuki-Bohnen
200 ml Gemüsebrühe
2 große gelbe Paprikaschoten
1 Zwiebel (etwa 100 g)
1 kleine Knoblauchzehe
2 Fleischtomaten
½ Bund gemischte Kräuter
   (z. B. Dill, Petersilie,
   Schnittlauch, Majoran)
   Meersalz
   weißer Pfeffer
100 ml Gemüsebrühe

Für die Sauce:

1 TL Olivenöl
1 TL feines Hirse- oder Maismehl
1 TL Kurkuma
100 ml Gemüsebrühe
4 EL Soja Cuisine oder Hafersahne
   Meersalz
   frisch gemahlener schwarzer
   Pfeffer
30 ml Weißwein

- Die Azukibohnen in 200 ml Gemüsebrühe in etwa 40 Minuten weich kochen (bitte Packungsanleitung beachten). Man kann die Zubreitungzeit des Rezepts übrigens um 40 Minuten verkürzen, indem man die Azukibohnen im Laufe des Tages oder am Vortag nebenher bei Gelegenheit weich kocht.
- Paprika waschen, die Deckel abschneiden, Kerngehäuse entfernen und in Salzwasser etwa 5 Minuten blanchieren. Gut abtropfen lassen. Innen salzen und pfeffern.
- Die Zwiebel und die Knoblauchzehe schälen und fein hacken. Die Tomaten in Würfel schneiden. Die Kräuter fein hacken. Die fertig gegarten Azukibohnen in ein Sieb schütten und gut abtropfen lassen.
- Die Bohnen mit den Tomaten, der Zwiebel und dem Knoblauch, den Tomaten und Kräutern, Salz und Pfeffer mischen und in die Paprikaschoten füllen.
- Die gefüllten Paprikaschoten in der Gemüsebrühe etwa 30 Minuten bissfest garen.
- In der Zwischenzeit das Öl in einem Topf erhitzen, Mais- oder Hirsemehl darin anschwitzen, Kurkuma dazugeben und etwas andünsten, Gemüsebrühe angießen und bei mäßiger Hitze sämig kochen. Am Ende die Sahne hinzufügen, mit Salz, Pfeffer und dem Weißwein abschmecken.
- Die gefüllten Paprikaschoten auf flachen Tellern anrichten und mit der Sauce überziehen.

▶ **Info**

Adzukibohnen sind leichter verdaulich als die in Mitteleuropa verbreitete Gartenbohne. Mit bis zu 22 % Eiweißgehalt sind Adzukibohnen eines der eiweißhaltigsten Gemüse überhaupt.

Gemüse-Getreide mit Wakame-Meeresalgen

Zeitlich etwas aufwändiger, aber sehr raffiniert!

- Die Hafer-, Gersten und Weizenkörner mit ca. 400 ml Gemüsebrühe einmal aufkochen, zugedeckt bei schwacher Hitze 30 Minuten kochen lassen und 1 Stunde bei ausgeschalteter Herdplatte quellen lassen.
- Hirse und Buchweizen hinzufügen, eventuell noch Brühe angießen, erneut aufkochen und alles zugedeckt bei schwacher Hitze weitere 30 Minuten garen.
- Wakame 2 Minuten in heißem Wasser ziehen lassen, abseihen und beiseite stellen.
- Zwiebeln schälen und fein hacken. Karotten waschen und in dünne Stifte schneiden. Sellerieblättchen abrupfen, waschen und trocken tupfen und zum Bestreuen des Gemüse beiseite stellen.
- Selleriestangen waschen und schräg in fingerbreite Stücke schneiden. Lauchstange längs halbieren, waschen und schräg in fingerbreite Stücke schneiden. Petersilie waschen, trocknen und fein hacken.
- Öl in einem Topf erhitzen. Die Zwiebeln bei mäßiger Hitze unter Rühren glasig braten. Gemüse und den Wakame hinzufügen, bei mittlerer Hitze unter weiterem Rühren anbraten. Mit Salz und Pfeffer würzen.
- Die restliche Gemüsebrühe hinzufügen, einmal aufkochen und das Gemüse zugedeckt bei schwacher Hitze in 2 – 3 Minuten bissfest garen.
- Die Getreidemischung mit etwas Salz und Pfeffer abschmecken. Das Olivenöl untermischen.
- Das Getreide auf vorgewärmte Teller verteilen. Das Gemüse daneben anrichten und mit der Petersilie und den Sellerieblättchen bestreuen.

▶ Variante

Anstelle von Lauch, Sellerie und Karotten kann jedes saisonale Gemüse verwendet werden.

▶ **Für 2 Personen**
⊙ **40 Min. + 2 Std. Garzeit für das Getreide**

insg. 100 g	gemischte Hafer-, Gersten- und Weizenkörner
700 ml	Gemüsebrühe
insg. 75 g	Hirse- und Buchweizenkörner gemischt
1 EL	Wakame-Instantflocken
2 – 3	Zwiebeln
200 g	Karotten
200 g	Staudensellerie
200 g	Lauch
½ Bund	Petersilie
2 EL	Olivenöl
	Meersalz
	weißer Pfeffer

HAUPTGERICHTE

Ratatouille mit Folienkartoffeln

Der berühmte Gemüsetopf der Côte d'Azur.

▶ **Für 2 Personen**

⏱ **60 Min.**

4 mittelgroße mehligkochende Bio-Kartoffeln · 1 Zwiebel · 1 Knoblauchzehe · 1 kleine Aubergine · 1 Zucchini · je ½ rote, grüne und gelbe Paprikaschote · 1 Fleischtomate · 2 EL Olivenöl · 1 EL getrocknete Kräuter der Provence · 40 g Hafer- oder Sojasahne · Meersalz · schwarzer Pfeffer · 50 g Sojajoghurt und 1 TL Kräuter der Provence zum Garnieren

- Backofen auf 220 Grad (Ober-/Unterhitze) vorheizen.
- Kartoffeln bürsten, trocken reiben und mit einem Holzspießchen rundum einstechen. In Alufolie wickeln und etwa 1 Stunde auf dem Rost des Backofens backen.
- Zwiebel und Knoblauch schälen und fein hacken. Aubergine und Zucchini waschen und in kleine Würfel schneiden. Paprika waschen, entkernen und ebenfalls in kleine Würfel schneiden. Tomate kreuzweise am Strunk einschneiden, mit kochendem Wasser übergießen, häuten und in Würfel schneiden.
- In einer Pfanne das Öl erhitzen, Zwiebel glasig dünsten, das Gemüse hinzufügen, alles kurz anbraten und etwa 10 – 15 Minuten zugedeckt bei schwacher Hitze garen. Eventuell etwas Wasser angießen.
- Am Schluss den Knoblauch unterrühren, die Kräuter der Provence und die Hafersahne untermischen und mit Salz und Pfeffer würzen.
- Die Kartoffeln in der Folie auf Teller legen, kreuzweise aufschneiden, aber nicht durchschneiden, auseinanderfallen lassen und daneben das Gemüse anrichten. Auf die Kartoffeln jeweils einen Klecks Sojajoghurt geben, mit Kräutern der Provence bestreuen und servieren.

Spinatstrudel

Für Spinat-Liebhaber die perfekte Art, Spinat zu genießen.

▶ **Für 3 Personen**

⏱ **45 Min. + 30 Min. Backzeit (Auftauzeit des Strudelteigs beachten!)**

300 g veganer TK-Strudelteig · 150 g Sojajoghurt · 1 kg frischer Spinat · 1 – 2 EL Sesamöl · 2 EL Sonnenblumenkerne · 1 Bund Frühlingszwiebeln · 1 Bund Petersilie · 3 EL Haferschrot oder Haferflocken · 1 TL getrocknetes Liebstöckl und Beifuß (ersatzweise Wermut) · Meersalz · Pfeffer · Sesamöl zum Bestreichen

- Den Strudelteig gemäß Packungsanleitung auftauen. Den Backofen auf 200 Grad (Ober-/Unterhitze) vorheizen.
- Den Sojajoghurt in ein feinmaschiges Sieb geben und so lange wie möglich abtropfen lassen (dann bekommt man eine quarkähnliche Konsistenz). Die Spinatblätter von den Stängeln befreien, gut waschen und trocken schleudern.
- 1 – 2 EL Sesamöl am besten im Wok erhitzen, den Spinat unter Wenden anbraten, bis er zusammenfällt. Zur Seite stellen und abkühlen lassen.
- Die Sonnenblumenkerne ohne Fett in einer Pfanne rösten.
- Frühlingszwiebeln waschen und in etwa ½ cm breite Ringe schneiden. Petersilie waschen, trocknen und fein hacken.
- Sojajoghurt, Frühlingszwiebel, Petersilie, Haferschrot oder -flocken, geröstete Sonnenblumenkerne und die Gewürze unter den Spinat mengen.
- Den Strudelteig auf einer Arbeitsplatte ausbreiten, in 3 Teile schneiden, jeden Teil mit Spinat belegen und den Teig oben gut verschließen. Auf ein mit Backpapier ausgelegtes Backblech legen und mit Sesamöl einpinseln.
- Dann etwa 30 Minuten im Backofen backen, bis die Strudel eine schöne Bräune haben, und servieren.

▶ Ratatouille mit Folienkartoffeln

Tomaten-Zwiebel-Quiche

Besonders im Sommer ist diese Quiche sehr erfrischend.

▶ **Für eine Springform ⌀ 28 cm**
🕐 **45 Min. + 35 Min. Backzeit**

Für den Hefeteig:

20 g	Hefe
1 TL	Zucker
250 g	Dinkel- oder Weizenmehl
100 ml	lauwarmes Wasser
3 EL	Olivenöl
	Öl für das Blech

Für den Belag:

400 g	Zwiebeln
600 g	Strauch- oder Fleischtomaten
2 – 3	Knoblauchzehen
1	Rosmarinzweig
5	Thymianzweige
3 EL	Olivenöl
1	Lorbeerblatt
	Meersalz
	schwarzer Pfeffer
150 ml	Soja- oder Hafersahne
10	schwarze Oliven

- Die Hefe mit dem Zucker und etwas lauwarmem Wasser in einer Teigschüssel verrühren. 15 Minuten ruhen lassen.
- Das Mehl, das Wasser, die aufgelöste Hefe und das Olivenöl rasch zu einem glatten Teig kneten, dann zu einer Kugel formen, mit einem Tuch bedecken und an einem warmen Ort etwa 20 Minuten gehen lassen.
- Die Zwiebeln schälen und in feine Scheiben schneiden. Tomaten waschen, kreuzweise am Strunk einschneiden, mit kochendem Wasser übergießen und häuten. Die geschälten Tomaten vierteln, Mark entfernen und das Fruchtfleisch in Würfel schneiden. Das Mark kann man für andere Zwecke verwenden.
- Knoblauch schälen und fein hacken. Vom Rosmarinzweig die Nadeln abzupfen und fein hacken. Vom Thymianzweig die Blättchen abzupfen oder, wenn es schneller gehen soll, die Zweige mit Küchengarn zusammenbinden (um es nach dem Kochen wieder zu entfernen).
- Den Backofen auf 220 Grad (Ober-/Unterhitze) vorheizen.
- Olivenöl in einer Pfanne erhitzen, Zwiebelscheiben, Tomatenwürfel und Knoblauch anbraten, Lorbeerblatt, Rosmarin und Thymianblättchen- oder Zweige hinzufügen und etwa 20 Minuten dünsten, bis alle Flüssigkeit verdampft ist. Rosmarin-/Thymianzweige und Lorbeerblatt entfernen und kräftig mit Salz und Pfeffer würzen. Etwas abkühlen lassen und dann die Sahne unterrühren.
- Den Hefeteig ausrollen und die Springform damit auslegen. Die Masse einfüllen, Oliven darauf verteilen und etwa 30 Minuten backen. Die Quiche kann heiß oder kalt serviert werden.

Gemüse-Pizza

Einfach zubereitet und schmeckt zu jeder Gelegenheit.

- Den Backofen auf 200 Grad (Ober-/Unterhitze) vorheizen.
- Für den Teig Mehl, Sojamehl und Salz auf eine Arbeitsfläche schütten. Hefe darüber bröckeln, die Margarine in Flöckchen darüber schneiden, das Olivenöl hinzufügen und mit etwas Wasser mit den Händen zu einem Teig verkneten. Das Wasser nach und nach dazugeben. Je nach Mehlsorte benötigen Sie eventuell etwas weniger als angegeben. Sie brauchen diesen Hefeteig nicht gehen zu lassen.
- Das Backblech einfetten, den Teig ausrollen und das Backblech damit auslegen. Einen Rand hochziehen.
- Das Tomatenmark mit zwei Esslöffeln Olivenöl und einem Esslöffel Pizzagewürz mischen und mit einem Esslöffel auf den Teigboden streichen.
- Die Zwiebeln schälen, halbieren und in feine Ringe schneiden. Die Zucchini und Tomaten waschen und in dünne Scheiben schneiden. Die Pilze nur falls notwendig waschen, sonst mit einem Pinsel säubern. Die Paprika waschen, vom Kerngehäuse befreien und in Streifen schneiden. Knoblauch schälen und sehr fein hacken.
- Alle übrigen Zutaten und Gewürze nach Belieben auf dem Teigboden verteilen. Zum Beispiel fangen Sie mit den Tomatenscheiben an, dann kommen die Zwiebelringe, anschließend die Zucchinischeiben und die Paprikastreifen. Dann Knoblauch, Pilze und Kapern. Dazwischen und/oder am Ende immer salzen und pfeffern und mit Rosmarin, Thymian und Pizzagewürz großzügig würzen.
- Für den Tofu-Ricotta den Tofu mit der Gabel zerdrücken und zusammen mit der Sahne, dem Salz und dem Zitronensaft mischen oder mit dem Zauberstab kurz pürieren und auf der Pizza verteilen. Am Schluss noch die Oliven und ein wenig Pizzagewürz auf der Pizza verteilen und etwa 30 Minuten backen.

▶ **Für 1 Blech, etwa 20 Stücke**
🕐 **45 Min. + 30 Min. Backzeit**

Für den Pizzaboden:
500 g Dinkelmehl (frisch gemahlen)
4 EL Sojamehl
3 EL Kräutersalz oder 3 TL Meersalz
20 g frische Hefe
50 g Bio-Pflanzenmargarine
2 EL Olivenöl
300 ml lauwarmes Wasser
Oliven- oder Kokosöl
zum Einfetten des Backbleches

Für den Belag:
150 g Tomatenmark
2 EL Olivenöl
1 EL Pizzagewürz
2–3 Zwiebeln
1 große Zucchini
400 g Tomaten
200 g Pilze (Champignons, Shiitake, Pfifferlinge, Austernpilze etc.)
1 gelbe, rote und grüne Paprika
2 Knoblauchzehen (nach Belieben)
3 EL Kapern
4 TL Pizzagewürz
Meersalz oder Kräutersalz
frischer oder getrockneter Thymian und Rosmarin
10–15 Oliven

Für den Tofu-Ricotta:
400 g Tofu natur
200 ml Soja Cuisine oder Hafersahne
2 TL Meersalz
2 TL Zitronensaft

Mais-»Pizza«

Der Pizzaboden aus Maispolenta ist raffiniert und schnell zuzubereiten.

- Backofen auf 200 Grad (Ober-/Unterhitze) aufheizen.
- Gemüsebrühe in einem Topf zum Kochen bringen, die Polenta einrieseln lassen und unter ständigem Rühren 5 Minuten köcheln lassen. Anschließend 10 Minuten zugedeckt auf der kleinsten Flamme dünsten lassen. Dann die Herdplatte ausschalten und die Polenta etwas ausquellen lassen.
- Die Polenta in eine gefettete kleine Auflaufform streichen und bis zum Gebrauch beiseite stellen.
- Knoblauch schälen und fein hacken. Den Lauch der Länge nach halbieren, waschen und schräg in feine Ringe schneiden. Die Karotten in kleine Würfel schneiden. Sellerie waschen und in feine Ringe schneiden. Bohnen waschen und die Enden auf beiden Seiten falls notwendig abschneiden, dann in mundgerechte Stücke schneiden. Tomaten waschen und in Würfel schneiden. Basilikum waschen, trocken tupfen und in Streifen schneiden.
- Öl in einem Topf oder einer Pfanne erhitzen, Lauch und Knoblauch kurz andünsten, Bohnen, Karotten und Sellerie hinzufügen und unter Rühren kurz mitdünsten. Dann den Basilikum und die Tomatenwürfel unterrühren. Mit Salz, Pfeffer, Thymian und Oregano würzen und alles etwa 15 Minuten dünsten.
- Die Zwiebel schälen, halbieren und in feine halbe Ringe schneiden. Die Zucchini waschen und in Scheiben schneiden.
- In einer separaten Pfanne die Zucchinischeiben in 1 EL Olivenöl andünsten, bis sie eine leichte Bräunung haben. Wieder aus der Pfanne nehmen und auf einem Teller beiseite stellen. In derselben Pfanne die Zwiebelringe kurz andünsten.
- Den Gemüsesugo auf dem Polenta-Boden gleichmäßig verteilen, dann die Zucchinischeiben und Zwiebelringe darauf verteilen und im Ofen etwa 15 Minuten backen.

▶ **Für 2 Personen**

⏱ **30 Min. + 15 Min. Backzeit**

Für den Pizzaboden:

250 ml Gemüsebrühe
100 g Polenta
1 EL Olivenöl zum Einfetten der Auflaufform

Für den Belag:

1 kleine Knoblauchzehe
1 kleine Stange Lauch
je 50 g Karotten, Stangensellerie und Buschbohnen
250 g Tomaten
10 Blätter Basilikum
1 EL Olivenöl
Meersalz und frisch gemahlener schwarzer Pfeffer
etwas Thymian und Oregano (frisch oder getrocknet)
1 Zwiebel
1 kleine Zucchini (etwa 100 g)
1 EL Olivenöl

Kartoffel-Gulasch

Für Kartoffel-Liebhaber ist dieses Gericht ein Gedicht.

▶ **Für 2 Personen**
🕐 **50 Min.**

500 g festkochende Kartoffeln · 250 g Zwiebeln · 2 Knoblauchzehen · 1 Tomate (etwa 100 g) · 3 EL Sonnenblumenöl · 1 EL Tomatenmark · 1 TL Paprika edelsüß · 1 Msp. Paprika extrascharf (optional) · 300 ml Gemüsebrühe · 1 TL gemahlener Kreuzkümmel · ½ TL abgeriebene Bio-Zitronenschale · Meersalz · Pfeffer · ½ Bund Petersilie · 2 EL Soja Cuisine oder Hafersahne

– Die Kartoffeln waschen, bei Bedarf schälen und in kleine Würfel (ca. 1 cm) schneiden (Bio-Kartoffeln esse ich grundsätzlich mit der Schale). Zwiebeln und Knoblauch schälen, halbieren und in Scheiben schneiden. Die Tomate am Strunk kreuzweise einschneiden, mit kochendem Wasser übergießen und häuten. Anschließend in kleine Würfel schneiden.
– In einer Pfanne oder einem Topf das Öl erhitzen, die Zwiebelringe anschwitzen, das Tomatenmark unterrühren und mit dem Paprikapulver bestreuen.
– Tomatenwürfel untermischen, Gemüsebrühe angießen und ca. 10 Minuten bei mäßiger Hitze köcheln lassen.
– Dann die Kartoffelstücke dazugeben und mit dem Knoblauch, dem Kümmel, der Zitronenschale, Salz und Pfeffer würzen. Das Ganze etwa 25 Minuten köcheln lassen bis die Kartoffeln gar sind.
– Die Petersilie waschen, trocken tupfen und fein hacken.
– Das Gulasch am Schluss nochmals mit Salz und Pfeffer abschmecken, die Soja Cuisine untermischen und mit Petersilie bestreut servieren.

Kartoffelküchle mit Buchweizen und Joghurtsauce

Gelingt leicht, ideal auch für Kinder.

▶ **Für 2 Personen**
🕐 **45 Min.**

Für die Küchle: 1 Zwiebel · 400 g Kartoffeln (fest kochend) · Salz · frisch gemahlener weißer Pfeffer · 80 g fein gemahlener Buchweizen · Kokosöl zum Braten
Für die Sauce: 1 Schalotte · 1 gute Handvoll gemischte frische Kräuter (z. B. Petersilie, Schnittlauch, Dill, Rosmarin, Basilikum) · 250 g Sojajoghurt · ½ TL Ahornsirup · ¼ – ½ TL Senf · 1 EL Ketchup · 1 EL Olivenöl · Salz · frisch gemahlener schwarzer Pfeffer

– Die Zwiebel schälen und fein würfeln. Die Kartoffeln waschen, schälen und mit der Rohkostreibe fein raffeln.
– Die Zwiebeln mit den Kartoffeln mischen und mit Salz und Pfeffer würzen. 1 EL vom Buchweizenmehl unterrühren.
– Den Teig etwa 15 Minuten bei Zimmertemperatur ruhen lassen. So viel Buchweizenmehl nach und nach mit einem Esslöffel untermischen, bis der Teig eine klebrige Konsistenz hat. Danach den Teig nochmals mit Salz und Pfeffer abschmecken.
– Das Kokosöl in einer beschichteten Pfanne erhitzen und mit einem Esslöffel Teig in die Pfanne geben. Glattstreichen und auf beiden Seiten goldbraun braten.
– Für die Joghurtsauce die Schalotte schälen und fein hacken, die Kräuter waschen, trocken tupfen und ebenfalls fein hacken. Zusammen mit den restlichen Zutaten in einer Schüssel gut vermischen oder mit dem Zauberstab kurz aufschlagen.

▶ **Variante**
Die Küchle schmecken auch mit Apfel- oder anderem Fruchtkompott ausgesprochen lecker!

Thailändisches Gemüse-Curry

Leicht und superlecker!

▶ **Für 2 Personen**
🕑 **20 Min.**

400 g frisches gemischtes Gemüse ganz nach Gusto oder Saison · 1 Schalotte · 1 Knoblauchzehe · ½ Bund frisches Thai-Basilikum oder Thai-Koriander · 1 EL Sesamöl · 200 ml Kokosmilch · 1 EL vegane grüne Currypaste (z. B. Fa. Arche oder Rezept nebenan) · ½ TL Vollrohrzucker · 1 – 2 EL Tamari · Salz · Pfeffer · 2 Portionen Reis

- Das Gemüse waschen, trocken tupfen und in mundgerechte Stücke schneiden. Schalotte und Knoblauch sehr fein hacken. Thai-Basilikum oder -Koriander mit den Händen grob zerkleinern.
- Zuerst den Wok und dann das Öl darin erhitzen. Schalotte und Knoblauch im Fett kurz anbraten. Etwa die Hälfte der Kokosmilch und die Currypaste einrühren und köcheln lassen, bis sich das Öl an der Oberfläche absetzt.
- Die restliche Kokosmilch, Vollrohrzucker, Tamari und etwas Salz und Pfeffer einrühren. Das Gemüse hinzufügen und bei mittlerer Hitze so lange wenden, bis es gar ist, aber noch Biss hat. Das dauert etwa 5 Minuten.
- Gemüsecurry mit Salz und Pfeffer abschmecken, Thai-Basilikum oder -Koriander unterheben und mit Reis servieren.

Vegane Currypaste

Kann vielseitig zu Gemüsegerichten verwendet werden.

▶ **Für etwa 5 Esslöffel auf Vorrat**
🕑 **10 Min.**

6 große grüne Chilischoten · 1 Stange Zitronengras · 2 Schalotten · 3 Knoblauchzehen · 2,5 cm großes Stück Galgant (ersatzweise Ingwer) · ½ TL Koriandersamen · 2 Kaffirlimettenblätter (Asialaden) oder ersatzweise abgeriebene Schale einer Bio-Limette · 3 Korianderwurzeln (Asialaden) · ½ TL gemahlener weißer Pfeffer · 1 TL Meersalz · 1 EL Sesamöl

- Chilischoten klein schneiden (Kerne mit verwenden), Zitronengras, Schalotten, Knoblauch und Galgant fein hacken.
- Koriandersamen im Mörser zerkleinern. Kaffirlimettenblätter fein schneiden. Korianderwurzeln fein hacken.
- Alles gemeinsam mit den übrigen Zutaten in einen hohen Becher geben und mit dem Zauberstab zu einer Paste verarbeiten.
- In ein Glas füllen und fest verschließen.

▶ **Info**

In den handelsüblichen Currypasten sind in der Regel getrocknete Garnelen und Fischsauce enthalten. Im Bioladen gibt es inzwischen auch vegane Currypasten.

Rosmarin-Kartoffeln

Kommen immer gut an.

▶ **Für 2 Personen**
⊙ **10 Min. + 40 Min. Backzeit**

500 g Bio-Frühkartoffeln · 2 Knoblauchzehen · 2 Zweige frischer Rosmarin (ersatzweise 1–2 TL getrockneten) · Meersalz · frisch gemahlener schwarzer Pfeffer · 3 EL Olivenöl · Olivenöl zum Einfetten von Auflaufform oder Backblech

▪ Backofen auf 200 Grad (Ober-/Unterhitze) vorheizen.
▪ Die Kartoffeln waschen, gut bürsten und in eine gefettete Auflaufform oder auf ein gefettetes Backblech geben. Die kleinen Frühkartoffeln können ganz gelassen werden, größere Kartoffeln schneidet man in große Stücke.
▪ Knoblauch schälen und fein hacken. Rosmarin waschen, trocken tupfen, die Nadeln abzupfen und fein hacken.
▪ Den Knoblauch und den Rosmarin über die Kartoffeln streuen, salzen und pfeffern. Mit Olivenöl beträufeln und etwa 40 Minuten im Ofen backen. Bitte alle 10 Minuten die Kartoffeln wenden, damit sie nicht festbacken.

▶ **Variante**
Anstelle von Frühkartoffeln können auch festkochende Kartoffeln verwendet werden.

Baked Potato mit Sourcream

Perfekt zu Gegrilltem oder zu grünen Blattsalaten.

▶ Für 2 Personen
⊙ 2 Stunden

2 große Kartoffeln à ca. 150 g · 1 – 2 EL Olivenöl · 1 kleine Schalotte · 1 Knoblauchzehe · 1 Bund Schnittlauch · 250 g Sojajoghurt (oder 150 g Sojajoghurt und etwa 125 g Sojasahne) · ½ TL mittelscharfer Senf · 1 TL Ketchup (optional) · Meersalz · frisch gemahlener schwarzer Pfeffer · Alufolie

- Backofen auf 200 Grad (Ober-/Unterhitze) vorheizen.
- Kartoffeln unter fließendem Wasser bürsten, mit einer Kuchengabel ringsum einstechen und die Kartoffel mit Olivenöl einpinseln. In Alufolie einschlagen und im Backofen 1,5 – 2 Stunden backen.
- Für die Sourcream die Schalotte und den Knoblauch schälen und sehr fein hacken. Schnittlauch waschen und in feine Röllchen schneiden.
- Schalotte, Knoblauch und Schnittlauch in ein Schüsselchen geben und mit dem Sojajoghurt, dem Senf und dem Ketchup vermischen und gut salzen und pfeffern. Bis zum Gebrauch im Kühlschrank durchziehen lassen.
- Wenn die Kartoffeln gar sind, in der Mitte kreuzweise einschneiden, leicht auseinanderdrücken und mit einem Klecks Sourcream servieren.

Schwäbischer Kartoffelsalat

Das Rezept meiner Mutter, das schon immer vegan war.

▶ Für 2 Personen:
⊙ 15 Min. + 30 Min. Kochzeit Kartoffeln + 4 Stunden Ruhezeit

500 g festkochende Kartoffeln · 1 rote Zwiebel · Meersalz · schwarzer Pfeffer · 1 gestrichener TL mittelscharfer Senf · 2 – 3 EL Sonnenblumenöl · 2 EL Apfelessig · 1 Msp. Zucker · ein paar Spritzer Flüssigwürze · 1 Bund Schnittlauch · ca. ⅛ l Gemüsebrühe

- Kartoffeln waschen und in der Schale etwa 30 Minuten kochen.
- In der Zwischenzeit die Marinade zubereiten. Zwiebel schälen, fein hacken und in eine Salatschüssel geben. Salz, Pfeffer, Senf, Öl, Essig, Zucker und Flüssigwürze hinzufügen und gut umrühren.
- Schnittlauch waschen und in feine Röllchen schneiden. Bis zum Gebrauch beiseite stellen.
- Die weichgekochten Kartoffeln mit kaltem Wasser abbrausen und schälen. Mit einem Küchenmesser die noch warmen Kartoffeln in nicht zu feinen Scheiben oder Stücken in die Marinade hinein schneiden. Anschließend nach und nach die heiße Gemüsebrühe untermischen. Kurz vor dem Servieren den Schnittlauch unterheben.
- Schwäbischen Kartoffelsalat kann man entweder lauwarm servieren oder einige Stunden durchziehen lassen. Vor dem Servieren noch einmal mit Salz und Pfeffer und ggf. noch mit etwas Essig abschmecken.

▶ Variante

Sehr lecker schmecken dazu in feine Streifen geschnittene Essiggurken. Dann bitte auch etwas vom Essigwasser in den Salat geben.

Köstliches Kartoffelpüree

Besonders lecker zu Rosenkohl oder anderem Gemüse der Saison.

▶ **Für 2 Personen**

🕐 **15 Min. + 30 Min. Kochzeit Kartoffeln**

500 g mehligkochende Kartoffeln · 125 ml Wasser · 125 ml Soja- oder Hafermilch · etwas gekörnte Brühe (etwa ½ TL) · Selleriesalz · 2 EL Olivenöl · 1 Msp. zerstoßene oder gemahlene Muskatblüte · frisch gemahlener schwarzer Pfeffer · ½ Bund Schnittlauch · 3 EL Hafer- oder Sojasahne (optional)

- Kartoffeln waschen und in der Schale kochen. Anschließend kalt abschrecken, schälen und fein reiben (ersatzweise durch die »flotte Lotte« drehen).
- Wasser und Milch in einem Topf mit gekörnter Brühe erhitzen und mit Selleriesalz kräftig abschmecken. Olivenöl, Muskatblüte und Pfeffer hinzufügen und unter ständigem Rühren aufkochen lassen. Dann die Kartoffeln mit dem Schneebesen unterrühren und luftig schlagen. Bei Bedarf noch etwas nachwürzen. Es hängt von der Kartoffelsorte ab, ob Sie eventuell noch etwas Wasser oder Milch benötigen.
- Vor dem Servieren den Schnittlauch und die Sahne unterheben.

Paprika-Pesto

Hervorragend zu Nudeln, Reis oder zum Dippen von Gemüse.

▶ **Für ein 300 ml Vorratsglas (ergibt 4 Portionen)**

🕐 **20 Min.**

1 Tomate · 2 rote Paprika · 2 EL Öl · 1 rote Peperoni · 2 EL Pinienkerne · 1 kleines Stück Ingwer · 1 Knoblauchzehe · 1 TL Korianderkörner · 1 TL Fenchelsamen · 2 EL Ketchup · 1 TL getrocknete Lavendelblüten · Meersalz · frisch gemahlener schwarzer Pfeffer · 3 EL Olivenöl

- Den Backofen auf 250 Grad (Grillfunktion) vorheizen.
- Tomate waschen, kreuzweise am Strunk einschneiden, mit kochendem Wasser übergießen und häuten. Das Fruchtfleisch klein schneiden.
- Paprikaschoten waschen, Kerngehäuse entfernen und in große Stücke schneiden. Mit der Hautseite nach oben auf ein gefettetes Backblech legen, mit Öl bestreichen und im Ofen auf der obersten Schiene garen, bis die Haut dunkle Blasen wirft, aber nicht verbrennt. Die Paprika aus dem Ofen nehmen und die Haut abziehen. Das Fruchtfleisch klein schneiden.
- Peperoni waschen und in feine Ringe schneiden. Pinienkerne ohne Fett in der Pfanne rösten und abkühlen lassen. Ingwer und Knoblauch schälen und sehr fein reiben oder schneiden. Korianderkörner und Fenchelsamen auch kurz in der Pfanne ohne Fett rösten.
- Alles zusammen mit den übrigen Zutaten mit dem Zauberstab pürieren. Das Pesto in ein Einmach- oder Twist-off-Glas füllen. Im Kühlschrank ist es etwa eine Woche haltbar.

BEILAGEN

Petersilien-Pfefferminz-Pesto

Köstlich zu Pasta, Reis oder Gemüse.

▶ Für 4 Personen bzw. auf Vorrat für ein 300 ml Glas
⊙ 15 Min.

100 g Petersilie · 50 g Pfefferminzblätter · 1 – 2 TL Pinienkerne · 1 Knoblauchzehe · 1 Msp. Vanillepulver (oder ¼ ausgekratzte Vanilleschote) · 120 ml Olivenöl · Salz · schwarzer Pfeffer · 2 TL Zitronensaft

– Petersilie und Pfefferminze waschen, trocken schleudern und fein hacken. Zarte Stiele können verwendet werden.
– Pinienkerne ohne Fett in einer Pfanne anrösten. Knoblauch schälen und fein hacken.
– Alle Zutaten mit Vanillepulver, Olivenöl, Salz, Pfeffer und Zitronensaft mit dem Zauberstab pürieren und in ein verschließbares Einmach- oder Twist-off-Glas füllen. Hält im Kühlschrank mindestens 2 Wochen.

Meerrettich-Frischcreme

Ideal als Brotaufstrich oder zum Dippen mit Rohkost.

▶ Für 2 Personen
⊙ 10 Min.

200 g Tofu natur · 1 Schalotte · 1 Stück frischer Meerrettich · 1 TL Leinöl (oder anderes Öl) · 1 EL Hefeflocken · 3 TL Zitronensaft · ¼ TL Tamari · ¼ TL Apfelessig · ½ TL Meersalz

– Tofu mit einer Gabel zerdrücken und in ein hohes Gefäß geben. Schalotte schälen und sehr fein würfeln. Meerrettich fein reiben. Sie brauchen davon etwa 2 – 3 Esslöffel.
– Alles zusammen mit den übrigen Zutaten mit dem Zauberstab gut durchpürieren.

▶ Variante
Anstelle des Meerrettichs kann man auch frische Kräuter oder Tomatenstückchen verwenden.

Oliven-Meerrettich-Tofu-Aufstrich

Schmeckt besonders gut auf frischem Vollkornbrot.

▶ Für 2 Personen
⊙ 10 Min.

150 g Tofu · 10 schwarze Oliven ohne Kern · 1 EL Olivenöl · 1 EL Shoyu (ersatzweise milde Sojasauce) · 2–3 EL frisch geriebener Meerrettich · ½ TL frisch gemahlener schwarzer Pfeffer

– Tofu und Oliven grob zerkleinern und in ein hohes Gefäß geben. Olivenöl und Shoyu hinzufügen. Den frischen Meerrettich unter fließendem Wasser gut bürsten, anschließend fein reiben. Zusammen mit dem Pfeffer und den anderen Zutaten mit dem Zauberstab gut durchschlagen.
– Eventuell noch mit etwas Salz abschmecken, das ist aber nicht unbedingt notwendig.

Kichererbsen-Brotaufstrich

Gelingt leicht und schmeckt superlecker!

▶ Für 4 Personen

⊙ 10 Min.

1 Glas Kichererbsen (ca. 215 g Abtropfgewicht) ·
1 Bio-Zitrone · 4 EL Olivenöl · mind. ½ TL Meersalz und ½ TL frisch gemahlener schwarzer
Pfeffer · ½ TL Paprika edelsüß oder Paprika
extrascharf · etwas Gemüsebrühe · 1 Bund
frische Petersilie

- Die Kichererbsen in ein Sieb schütten, kurz
  mit Wasser abbrausen, abtropfen lassen und
  in eine hohe Schüssel geben.
- Von der Zitrone die Schale abreiben und die
  Zitrone zu Saft pressen. Die Zitronenschale
  und 2 EL Zitronensaft zu den Kichererbsen
  geben. Olivenöl, Salz, Pfeffer, Paprikapulver
  und etwas Gemüsebrühe hinzufügen und mit
  dem Zauberstab fein pürieren.
- Die Petersilie waschen, trocken tupfen, fein
  hacken und unter die Masse mischen. Ggf.
  nochmals mit den Gewürzen abschmecken.
  Der Aufstrich schmeckt ausgezeichnet zu
  frischem Vollkornbrot oder Baguette.

Mexikanische Salsa-Sauce

Scharfe Sauce zu Grillgut, Kartoffeln oder Gemüse.

▶ **Für 4 – 6 Personen bzw. auf Vorrat für ein 500 ml Glas**
⊙ **20 Min.**
4 Fleischtomaten · 2–3 Peperoni · 1 – 2 Knoblauchzehen · 1 mittelgroße Zwiebel · 1 Bund frischer Koriander · Salz · 2 EL Olivenöl

- Tomaten waschen, kreuzweise am Strunk einschneiden und mit kochendem Wasser übergießen. Die Haut abziehen und die Tomaten achteln.
- Peperoni waschen und in feine Ringe schneiden. Tomaten und Peperoni in einen Topf geben, wenig Wasser angießen und die Tomaten-Peperoni-Mischung in etwa 10 Minuten weich dünsten.
- Knoblauch und Zwiebel schälen und fein hacken. Koriander waschen, trocknen und ebenfalls fein hacken.
- Alles zusammen mit etwa 1 TL Salz und 2 EL Öl ca. 1 Minute mit dem Zauberstab pürieren und in ein verschließbares Glas füllen.
- Die Sauce ist im Kühlschrank etwa eine Woche haltbar.

Petersilienwurzel-Püree

Super zu Grünkernküchle (Seite 59) oder Soja-Bratlingen (Seite 73).

▶ **Für 2 Personen**
⊙ **30 Min.**
400 g Petersilienwurzel · 1 EL Bio-Pflanzenmargarine · je 1 Prise Salz und Vollrohrzucker · 200 ml Gemüsebrühe · 80 g Hafersahne · frisch gemahlener schwarzer Pfeffer · frisch gemahlene Muskatnuss

- Die Petersilienwurzel waschen und in kleine Würfel schneiden. In einem Topf in 1 EL Margarine andünsten.
- Die Petersilienwurzeln mit je 1 Prise Salz und Zucker würzen, mit Brühe und Hafersahne auffüllen und ca. 20 Minuten zugedeckt köcheln lassen.
- Danach mit dem Zauberstab fein pürieren, mit Pfeffer und Muskat abschmecken.

Tipp

Petersilie gilt von jeher als Kraftspender. Außerdem sollen Wurzel- und Blattpetersilie durch den hohen Gehalt an ätherischen Ölen berauschend wirken …

Tomaten-Ketchup

Selbst gemachtes Ketchup – lecker!

▶ **Für ein 300 ml Glas**
⊙ **10 Minuten**
1 kleine Zwiebel · ½ Knoblauchzehe · 1 TL Olivenöl · 300 g passierte Tomaten · ½ TL Meersalz · 3 Msp. gemahlener schwarzer Pfeffer · 1 EL Kuzu · 2 – 3 EL Wasser · 1 TL Apfelessig · 1 gehäufter EL Zucker · 1 Msp. Zimt · 1 Msp. gemahlene Nelke · ¼ TL Paprika edelsüß · 1 Spritzer Zitronensaft

- Zwiebel und Knoblauch schälen und sehr fein hacken. Olivenöl in einem Topf erhitzen, Zwiebel und Knoblauchwürfel anbraten.
- Tomaten hinzufügen, mit Salz und Pfeffer würzen. Kuzu in einem verschließbaren Glas mit 2 – 3 Esslöffel Wasser aufschütteln und in das Ketchup einrühren. Unter ständigem Rühren 2 – 3 Minuten aufwallen, aber nicht kochen lassen.
- Apfelessig und Zucker unterrühren und mit Zimt, Nelke, Paprika und etwas Zitronensaft würzen. Das Tomaten-Ketchup pürieren, in ein verschließbares Glas füllen, abkühlen lassen und über Nacht in den Kühlschrank stellen.

▶ **Info**
Kuzu zählt zu den Bindemitteln. Es darf allerdings nie kochen, sondern nur unter Rühren aufwallen.

Marinierte Steinpilze

Ideal zum Vesper und als Beilage für Gegrilltes.

▶ **Für ein 500 ml Glas**
 ⏱ **20 Min.**
500 g frische Steinpilze · 2 Knoblauchzehen · 1 Peperoni · 400 ml Rapsöl
Für die Marinade: Meersalz · je 3 Zweige Rosmarin und Thymian · 2 Lorbeerblätter · je 10 Koriander- und Pfefferkörner · 300 ml Weißweinessig

- Pilze mit einem feuchten Küchentuch sorgfältig reinigen. Kleine Pilze ganz lassen, größere Exemplare blättrig schneiden. Die Knoblauchzehen schälen und ganz lassen, Peperoni waschen und beiseite legen.
- Die Zutaten für die Marinade in einem Topf verrühren und die Pilze darin etwa 3 Minuten köcheln lassen. Anschließend abseihen.
- Die Pilze mit der Peperoni-Schote und dem Knoblauch in ein Glas schichten und mit dem Rapsöl auffüllen. Die Pilze müssen komplett mit Öl bedeckt sein, sonst sind sie nicht haltbar! Das Glas gut verschließen und an einem kühlen Ort aufbewahren.

▶ **Variante**
Auch Pfifferlinge, Champignons, Paprikaschoten oder Artischocken lassen sich so marinieren und konservieren.

Parmesan vegan

Passt zu Gemüse, Pasta, Risotto …

▶ **Für ein 300 ml Glas**
 ⏱ **20 Min.**
200 g Tofu natur · 1 Zweig Rosmarin · 1 – 2 EL Olivenöl · 2 Msp. Meersalz

- Den Tofu mit der Zitronenreibe vorsichtig fein reiben. Rosmarin waschen und trocken tupfen, Nadeln abzupfen und sehr fein hacken, am besten mit einer Kräuterwiege.
- Das Öl in einer Pfanne erhitzen, Tofu, Rosmarin und Salz in die Pfanne geben und unter ständigem Wenden 15 Minuten anbraten, bis es knusprig ist. Abkühlen lassen und in ein Glas füllen. Hält sich etwa eine Woche im Kühlschrank.

▶ **Variante**
Man kann auch Salbei oder Thymian verwenden. Auch getrocknete Kräuter sind möglich.

Polenta-Schnitten

Eine raffinierte Beilage zu Gemüse oder den Seitan-Päckchen (S. 68).

▶ **Für 2 Personen**
 ⏱ **10 Min. + 30 Min. Koch-/Quellzeit + Zeit fürs Ausbacken**
500 ml Gemüsebrühe · Meersalz · Pfeffer · 1 MSP Curry · ¼ TL Selleriesalz (optional) · ¼ TL getrockneter Majoran · 1 Msp. geriebene Muskatnuss · ½ Knoblauchzehe · 125 g Maismehl/Polenta · Kokos- oder Olivenöl zum Ausbacken

- Gemüsebrühe aufkochen, alle Gewürze zugeben. Knoblauch schälen und sehr fein hacken und ebenfalls hinzufügen. Polenta einrieseln lassen und mit dem Schneebesen einrühren. Je nach Polenta-Art (Packungsanleitung beachten) etwa 30 Minuten ganz leicht köcheln lassen und immer wieder rühren, bis eine zähe Masse entsteht. Aufpassen, dass die Masse nicht am Topfboden anbrennt.
- Ein großes Brett oder Backblech mit kaltem Wasser abspülen und die Masse etwa 1 cm dick darauf streichen und abkühlen lassen. Dann beliebige Formen ausschneiden (z. B. Kreise mit einem Wasserglas) und in Öl von beiden Seiten goldbraun backen.

Omas einfacher Apfelkuchen

Lauwarm serviert mit frisch geschlagener Soja- oder Kokossahne – man wird Sie lieben!

▶ **Für 1 Backblech, 20 Stück**

⊙ **40 Min. + 25 – 30 Min. Backzeit**

Für den Teig: 400 g Weizen- oder Dinkelmehl · 200 g vegane Bio-Margarine · 2 EL Sojamehl · 2 EL kohlensäurehaltiges Mineralwasser · abgeriebene Schale von 1 Bio-Zitrone · 1 Prise Meersalz · 2 TL Backpulver · 1 EL Ahornsirup · 1 EL Obstessig · Kokosöl zum Einfetten des Backbleches

Für den Belag: etwa 1,5 kg Bio-Äpfel · 100 g Korinthen · 100 g Sultaninen · 2 EL Rum · 50 g gehackte Mandeln · Zimt und gemahlene Nelken

- Den Backofen auf 180 Grad (Ober-/Unterhitze) vorheizen.
- Alle Zutaten für den Teig gut mit den Händen verkneten, mit einem Wellholz ausrollen und ein eingefettetes Backblech damit auslegen.
- Für den Belag die Äpfel mit der Schale achteln, das Kerngehäuse herausschneiden und mit den Korinthen, Sultaninen und Rum vorsichtig dünsten (am besten im Wok) – die Äpfel dürfen nicht zerfallen. Die abgekühlten Äpfel zusammen mit den Korinthen und Sultaninen gleichmäßig auf dem Boden verteilen, gehackte Mandeln darüber verteilen und mit etwas Zimt und gemahlenen Nelken vorsichtig bestreuen.
- Den Kuchen bei 180 Grad Ober-Unterhitze 25 – 30 Minuten backen.

▶ **Info**

Worin besteht eigentlich der Unterschied zwischen Sultaninen und Korinthen? Sultaninen sind kernlos, großbeerig, hellgelb und größer als Korinthen. Korinthen sind kernlos, kleinbeerig und haben eine schwarzviolette Farbe.

Guglhupf

Ein klassischer Kuchen, den man schon
im 17. Jahrhundert kannte.

▶ **Für eine Guglhupfform**
🕐 **10 Min. + 35 – 40 Min. Backzeit**
400 g Dinkel- oder Weizenmehl · ½ TL Vanillepulver (oder
1 Päckchen Vanillezucker) · 3 TL Sojamehl · 1 TL Backpulver ·
1 TL Natron (ersatzweise Backpulver) · 200 g Bio-Pflanzenmargarine · 200 g Reismalz oder Ahornsirup · 1 TL Apfelessig ·
4 EL Rum (oder Wasser) · ½ – 1 Tasse Wasser · 3 EL Kakao ·
Kokosöl und 1–2 EL Semmelbrösel für die Form · etwas
Puderzucker zum Bestäuben des Kuchens

- Den Backofen auf 170 Grad (Ober-/Unterhitze) vorheizen.
  Gugelhupfform mit Kokosöl einfetten und mit Semmelbrösel bestreuen.
- Mehl in eine Schüssel sieben und mit Vanillepulver, Sojamehl, Backpulver und Natron mischen. In einer separaten
  Schüssel die in kleine Stücke geschnittene Margarine
  geben, Reismalz, Apfelessig und Rum mit dem Handrührgerät untermischen und zu der Mehlmischung geben.
  Wasser hinzufügen und mit dem Handrührgerät kräftig
  schlagen.
- Etwas mehr als die Hälfte des hellen Teiges in die Form
  streichen. Unter den restlichen Teig den Kakao mischen
  und auf den hellen Teig geben. Mit einer Gabel in kreisen-
  den Bewegungen den dunklen Teig unter den hellen Teig
  mischen. Im Backofen etwa 35 Minuten backen. Bitte mit
  dem Zahnstocher eine Garprobe machen. Wenn kein Teig
  mehr kleben bleibt, ist der Guglhupf fertig! Wenn er erkaltet ist, kann man noch Puderzucker darüber sieben.

Hefezopf

Hefezopf geht eigentlich immer.

▶ **Für 2 Zöpfe**
🕐 **20 Min. + 30 Min. Gehzeit + 25 Min. Backzeit**
1 kg Weizenmehl Type 405 oder Dinkelmehl Type 630 ·
1 Würfel Hefe (40 g) · 120 – 140 g gesiebter Vollrohrzucker ·
100 g Bio-Pflanzenmargarine · abgeriebene Schale einer
Bio-Zitrone · 480 ml lauwarme Hafermilch · 10 g Meersalz
Zum Bestreichen: 4 EL Soja- oder Hafersahne · 2 EL Wasser ·
1 Msp. Kurkuma · 1 Msp. Zucker · Mandelblättchen

- Das Mehl, die zerbröselte Hefe, den Vollrohrzucker, die in
  Flöckchen geschnittene Margarine und die Zitronenschale
  in eine Schüssel geben und mit dem Handrührgerät ver-
  mischen.
- Die Hafermilch erwärmen und nach und nach unter
  Rühren zum Teig geben. Wenn sich alle Zutaten vermischt
  haben, das Salz unterrühren.
- Dann den Teig auf eine Arbeitsfläche geben und mit den
  Händen 10 Minuten gut durchkneten. Den Teig an einem
  warmen Platz 30 Minuten gehen lassen.
- Backofen auf 190 Grad (Ober-/Unterhitze) vorheizen, das
  Backblech mit Backpapier auslegen.
- Die Hälfte des Teiges auf einer bemehlten Arbeitsfläche
  kurz durchkneten (die andere Hälfte wieder mit einem
  Tuch bedeckt ruhen lassen).
- Den Teig in 3 Teile teilen und jedes Teil zu einer langen
  Rolle formen. Alle 3 Rollen nebeneinander auf das Back-
  blech legen und dann zu einem Zopf flechten.
- In einer Tasse Soja- oder Hafersahne, Wasser, Kurkuma
  und Zucker verrühren und den Hefezopf damit einpinseln.
  Mit Mandelblättchen bestreuen und den Zopf etwa
  25 Minuten backen. Auf einem Kuchengitter auskühlen
  lassen. Mit dem zweiten Zopf genauso verfahren.

INKA-Kuchen

Das Wunderkorn Amaranth stärkt Gehirn und Stoffwechsel.

▶ **Für eine Kastenform**

🕐 **30 Min. + 45 Min. Backzeit**

50 g weiche vegane Bio-Pflanzenmargarine · 3 EL Ahornsirup ·
2 EL Sojamehl · 2 EL Wasser mit Kohlensäure · abgeriebene
Schale von einer Zitrone · 125 g Amaranth-Popcorn ·
125 g Weizen- oder Dinkelmehl (möglichst frisch gemahlen) ·
1 Msp. Meersalz · 1,5 TL Weinstein-Backpulver ·
1 Msp. Vanillepulver · 150 ml Hafer-, Soja- oder Reismilch ·
50 g gehackte Nüsse

- Backofen auf 180 Grad (Ober-/Unterhitze) vorheizen.
- In einer Schüssel Margarine mit Ahornsirup schaumig
  schlagen. Sojamehl, Sprudel und Zitronenschale unter-
  rühren.
- Das Amaranth-Popcorn mit Mehl, Salz, Backpulver und
  Vanille mischen und abwechselnd mit der Hafermilch
  nach und nach unter die Margarine-Mischung rühren.
  Zum Schluss die gehackten Nüsse unterheben.
- Den Teig in eine gefettete und mit Mehl bestäubte Kasten-
  form geben und etwa 45 Minuten backen.

Tipp
**Amaranth-Popcorn ist auch eine tolle Eiweißquelle
fürs morgendliche Frühstücksmüsli.**

Rhabarberkuchen mit Mandeln

Cremig geschlagene Kokos- oder Sojasahne schmeckt
besonders köstlich dazu.

▶ **Für 1 Backblech, 20 Stück**

🕐 **15 Min. + 30 Min. Ruhezeit + 40 Min. Backzeit**

Für den Teig: 300 g Dinkelmehl · 150 g gemahlene Mandeln ·
1 TL Backpulver · 150 g Vollrohrzucker · 1 EL Vanillezucker ·
2 EL Sojamehl · 1 Prise Meersalz · 2 EL Mineralwasser mit
Kohlensäure · 1 EL Obst- oder Apfelessig · 200 g Bio-Pflanzenmargarine · Kokosöl zum Einfetten des Backbleches
Für den Belag: 1 kg Rhabarber · 75 g Vollrohrzucker ·
50 g Mandelblättchen

- Das Mehl mit Mandeln, Backpulver, Vollrohrzucker,
  Vanillezucker, Sojamehl, Salz, Sprudel und Essig mischen.
  Margarine in Flöckchen darüber geben und mit den Hän-
  den zu einem geschmeidigen Teig verkneten. Zu einer
  Kugel formen und im Kühlschrank 30 Minuten ruhen
  lassen.
- Den Rhabarber unter fließendem Wasser putzen. Die
  Enden der Rhabarberstangen abschneiden, die Fäden
  abziehen und in etwa 4 cm lange Stücke schneiden.
- Den Backofen auf 200 Grad (Ober-/Unterhitze) vorheizen.
  Das Backblech einfetten.
- Den Teig auf einer leicht bemehlten Arbeitsfläche ausrollen, auf das Backblech geben und mit den Rhabarber-
  stücken belegen. Den Kuchen auf der mittleren Schiene
  backen. Nach 30 Minuten aus dem Ofen nehmen, mit dem
  Vollrohrzucker und den Mandelblättchen gleichmäßig
  bestreuen und in weiteren 10 Minuten fertig backen.
- Den Rhabarberkuchen leicht abkühlen lassen und mit
  einem in lauwarmes Wasser getauchten Messer in etwa
  20 Stücke schneiden.

Veganer Käsekuchen

Gelingt leicht und schmeckt auch Kindern besonders gut.

▶ **Für eine Springform ⌀ 28 cm**
🕐 **20 Min. + 30 Min. Ruhezeit + 60 Min. Backzeit**
Für den Teigboden: 300 g Weizenmehl Type 1050 · 1 EL Sojamehl · 1 Päckchen Backpulver · 130 g Vollrohrzucker · 175 g vegane Pflanzenmargarine · 1 EL Apfel- oder Obstessig · 75 ml Wasser
Für die Käsemasse: 400 g Seidentofu · 60 g Maisstärke · 1 Päckchen Vanille-Puddingpulver · 500 ml Sojamilch · ½ Vanilleschote · 250 ml Sojasahne · 200 g Rohrzucker · fein geriebene Schale eine halben Bio-Zitrone

- Mehl, Sojamehl, Backpulver und Zucker in einer Schüssel vermischen und auf eine Arbeitsfläche schütten. Die Margarine in Flöckchen darüber schneiden. Eine kleine Mulde hineindrücken und den Apfelessig und einen Teil des Wassers hinein geben. Nicht das ganze Wasser auf einmal, weil man je nach Mehlsorte mehr oder weniger braucht. Dann mit den Händen einen Teig kneten, zu einer Kugel formen und etwa 30 Minuten im Kühlschrank kalt stellen.
- Den Backofen auf 180 Grad (Ober-/Unterhitze) vorheizen.
- Den Seidentofu pürieren. Maisstärke und Puddingpulver in einer separaten Schüssel mit etwa 7–8 EL Sojamilch verrühren, zum Seidentofu geben und gut durchschlagen. Die Vanilleschote auskratzen und zusammen mit der restlichen Sojamilch, der Sojasahne, dem Zucker und der Zitronenschale zum Seidentofu-Gemisch geben und gut unterrühren.
- Eine Springform einfetten. Den Teig zwischen zwei Lagen Backpapier ausrollen und die Springform damit auskleiden. Die Käsemasse einfüllen und den Kuchen 55–60 Minuten backen.

Zwetschgendatschi

Besonders köstlich mit gezuckerter Sojasahne und einer Prise Vanille.

▶ **Für 1 Backblech, 20 Stück**
🕐 **40 Min. + 30 Min. Gehzeit + 30 Min. Backzeit**
20 g Hefe · 1 EL Vollrohrzucker · 200 ml lauwarme Hafermilch · 400 g Dinkel- oder Weizenvollkornmehl, möglichst frisch gemahlen · 1 Prise Salz · 1 EL Sojamehl · 1 EL kohlesäurehaltiges Mineralwasser · 100 g Vollrohrzucker · 75 g zerlassene vegane Bio-Margarine · 1,2 kg Zwetschgen · 50 g gehackte Mandeln · ½ TL Zimtpulver · Kokosöl zum Einfetten des Backbleches

- Die Hefe mit 1 EL Zucker in der Hafermilch auflösen und 15 Minuten zugedeckt stehen lassen.
- Den Backofen auf 220 Grad (Ober-/Unterhitze) vorheizen.
- Die Hälfte des Mehls, das Salz, das Sojamehl, das Mineralwasser und 75 g Vollrohrzucker mit der Hefemilch und der zerlassenen Margarine mischen. Das restliche Mehl nach und nach unterkneten.
- Den Hefeteig etwa 30 Minuten gehen lassen.
- Die Zwetschgen waschen, abtrocknen und entsteinen.
- Ein Backblech mit Kokosöl einfetten, den Teig mit einem Nudelholz ausrollen und das Backblech damit auslegen. Die Zwetschgen auf den Teig legen. Die Mandeln darüber streuen. Den Datschi auf der unteren Schiene 30 Minuten backen. Den restlichen Zucker mit dem Zimt mischen und den Zwetschgendatschi nach dem Backen damit gleichmäßig damit bestreuen.
- Entweder lauwarm oder kalt genießen.

▶ Zwetschgendatschi

Rehrücken

Ein sehr saftiger Schokokuchen mit Mandeln – Vorsicht: macht süchtig!

▶ **Für eine Rehrücken-Form**
⌀ **27 cm oder eine Kastenform**
🕐 **40 Min. + 45 Min. Backzeit +**
20 Min. Deko + 1 Tag Ruhezeit

Für den Kuchen:

1	unbehandelte Orange
4 EL	Grand Marnier (Orangenlikör) oder Orangensaft
90 g	weiche vegane Pflanzenmargarine
90 g	Vollrohrzucker
1	Vanilleschote
2	Eiersatz (z. B. von 3 Pauly)
1	gestrichener TL Zimt
100 g	frisch gemahlener Dinkel oder Dinkelmehl Type 630
1	gehäufter TL Backpulver
1	Päckchen veganer Schokopudding
1	gehäufter EL veganer Kakao
1	Prise Meersalz
100 g	gemahlene Mandeln
100 g	gehackte Mandeln
100 g	vegane Schokoraspel
2	Eiersatz (z. B. von 3 Pauly)
1 TL	Apfel- oder Obstessig
	Kokosfett und Semmelbrösel zum Einfetten der Form

Zum Garnieren:

	Orangenmarmelade
250 g	vegane Zartbitterkuvertüre
50 g	Mandelstifte

- Den Backofen auf 180 Grad (Ober-/Unterhitze) vorheizen.
- Die Orange waschen und die Schale abreiben. Mit dem Grand Marnier mischen und bis zum Gebrauch beiseitestellen. Die Vanilleschote mit einem Messer längs aufschlitzen und das Mark herauskratzen.
- Die Margarine mit dem Zucker und dem Vanillemark cremig rühren. Eiersatz und Zimt unterrühren. Die Mischung aus Grand Marnier bzw. Orangensaft und der Orangenschale untermengen.
- Nun das Mehl mit dem Backpulver, Puddingpulver, Kakao und Salz in einer separaten Schüssel vermischen und sieben. Die gemahlenen und gehackten Mandeln sowie die Schokoraspel unterrühren. Zusammen mit den 2 weiteren Portionen Eiersatz und dem Apfelessig nach und nach unter die Buttermasse ziehen.
- In eine gefettete, mit Semmelbröseln ausgekleidete Backform geben. Auf der zweiten Schiene von unten ca. 45 Minuten backen. Nach 40 Minuten die Stäbchenprobe machen. Den Kuchen stürzen und auskühlen lassen.
- Die Orangenmarmelade erwärmen, durch ein Sieb streichen und den erkalteten Kuchen damit bestreichen. Etwas antrocknen lassen. Währenddessen die Kuvertüre nach Packungsanleitung zubereiten, den Kuchen damit bepinseln und zuletzt mit den Mandelstiften bespicken.
- Wenn Sie den Kuchen einen Tag durchziehen lassen, schmeckt er erst richtig saftig.

Heidelbeer-Muffins

Ideal auch als Party-Mitbringsel.

▶ **Für 16 – 20 Stück**

🕑 **15 Min. + 25 Min. Backzeit**

300 g Heidelbeeren · 500 g Vollkorn-Dinkelmehl · 250 g feine Haferflocken · 1 TL fein geriebene Zitronenschale · ½ TL Meersalz · ½ TL Zimt · ½ TL Backpulver · ½ TL Natron (ersatzweise Backpulver) · ¼ TL Vanillepulver (oder ¼ ausgekratzte Vanilleschote) · 350 ml Soja- oder Hafermilch · 150 g Reismalz (zur einfacheren Verwendung kurz erwärmen) 50 ml Ahornsirup · 60 ml Sonnenblumenöl · Muffins-Backform und eventuell 20 Muffins-Papierförmchen

- Heidelbeeren waschen und in einem Sieb gut abtropfen lassen.
- Backofen auf 190 Grad (Ober-/Unterhitze) vorheizen.
- Mehl, Haferflocken, Zitronenschale, Salz, Zimt, Backpulver, Natron und Vanillepulver in einer Schüssel gut verrühren.
- In einer separaten Schüssel die Milch, das Malz, den Ahornsirup und das Öl mit dem Handrührgerät gut verrühren und anschließend unter die Mehl-Mischung unterrühren. Die Heidelbeeren mit einem Löffel vorsichtig unter den Teig mischen.
- Den Teig in eine gefettete oder mit Papierförmchen ausgelegte Muffins-Backform füllen und etwa 25 – 30 Minuten backen.
- Die Muffins abkühlen lassen und aus der Form nehmen.

Mandel-Carob-Muffins

Kommen auf dem Kindergeburtstag super an!

▶ **Für 12 Stück**

🕑 **10 Min. + 20 Min. Backzeit**

200 g gemahlene Mandeln · 100 g Dinkel- oder Weizenmehl · 150 g Vollrohrzucker · 50 g Carob (ersatzweise veganer Kakao) · ½ Päckchen Backpulver · 100 g Mandelmus · 200 ml Wasser · Kokosöl zum Einfetten der Muffins-Backform oder 12 Papier-Muffin-Formen für die Backform

- Backofen auf 180 Grad (Ober-/Unterhitze) vorheizen.
- Die gemahlenen Mandeln, das Mehl, den Vollrohrzucker (gesiebt oder mit dem Zauberstab gemahlen), den Carob und das Backpulver in einer Schüssel mischen. Dann mit einem Handrührgerät das Mandelmus und nach und nach das Wasser unterrühren.
- Den Teig in eine gefettete Muffinform füllen und etwa 20 Minuten im Backofen auf der mittleren Schiene backen. Man kann auch die Muffinform mit Papierförmchen auskleiden, dann braucht man die Form nicht einzufetten.

▶ **Variante**

Anstelle von gemahlenen Mandeln und Mandelmus können natürlich auch gemahlene Haselnüsse und Nussmus verwendet werden!

Gabis Schoko-Taler

Besonders begehrt In der Weihnachtszeit.

▶ **Für ca. 70 Stück**
🕐 **30 Min. + 2 Std. Ruhezeit + 12 Min. Backzeit + 20 Min. Fertigstellung**

300 g Weizen- oder Dinkelmehl (am besten frisch gemahlen) · 1 EL Sojamehl · 1 EL kohlesäurehaltiges Mineralwasser · 1 EL Obst- oder Apfelessig · 150 g Vollrohrzucker · 1 Prise Salz · 1 TL Backpulver · ½ TL Zimtpulver · 3 EL veganes Kakaopulver oder Carob · 150 g geriebene Haselnüsse · 175 g vegane Bio-Pflanzenmargarine · 200 g Zartbitter-Kuvertüre (85 % Schokolade)

- Das Mehl auf eine Arbeitsfläche sieben. Den im Sieb verbleibenden Schrot hinzufügen. Eine kleine Mulde drücken, Sojamehl, Sprudel und Essig hineingeben. Den Vollrohrzucker fein mahlen oder sieben.
- Vollrohrzucker, Salz, Backpulver, Zimt, Kakaopulver und die Nüsse über das Mehl streuen. Die Margarine in Flöckchen über das Mehl schneiden. Alle Zutaten zu einem glatten Teig verkneten.
- Den Teig in mehrere Rollen mit einem Durchmesser von etwa 3 cm formen, in Frischhaltefolie wickeln und für mindestens 2 Stunden in den Kühlschrank legen.
- Den Backofen auf 200 Grad (Ober-/Unterhitze) vorheizen.
- Die Rollen in etwa 5 – 8 mm dicke Scheiben schneiden und ggf. mit den Fingerspitzen zu Talern nachformen. Die Taler auf ein mit Backpapier ausgelegtes Blech legen und etwa 12 Minuten backen. Die Plätzchen sofort vom heißen Blech nehmen und auf einem Gitter abkühlen lassen (sie werden dabei hart).
- Die Zartbitter-Kuvertüre schmelzen, abkühlen lassen und erneut schmelzen. Die Taler zur Hälfte eintunken und auf einem Backpapier trocknen lassen.

Quitten-Dinkel-Plätzchen

Diese Plätzchen schmecken nicht nur an Weihnachten!

▶ **Für etwa 50 Stück**
🕐 **40 Min. + 60 Min. Ruhezeit + 15 Min. Backzeit**

350 g Dinkel- oder Weizenmehl (möglichst frisch gemahlen) · ½ TL Weinstein-Backpulver · 1 Msp. Meersalz · 200 g weiche Bio-Pflanzenmargarine (z. B. Alsan) · 80 g Zuckerrohrgranulat oder gemahlener/gesiebter Vollrohrzucker · 1 – 2 EL eiskaltes Wasser · 200 g Quittengelee aus dem Reformhaus · 50 g gehackte Mandeln oder Mandelstifte · 2 EL Kokosflocken
Zum Bestreichen: 4 EL Soja- oder Hafersahne · 2 EL Wasser · 2 Msp. Kurkuma und 2 Prisen Zucker

- Mehl mit Backpulver und Salz in einer Schüssel mischen. Pflanzenmargarine in Flöckchen darüber schneiden, Zuckerrohrgranulat oder Vollrohrzucker und etwas eiskaltes Wasser hinzufügen. Alle Zutaten zu einem geschmeidigen Teig verkneten, in Folie wickeln und für 1 Stunde in den Kühlschrank legen.
- Quittengelee mit Mandeln und Kokosflocken mischen.
- Den Backofen auf 180 Grad (Ober-/Unterhitze) vorheizen. Das Backblech mit Backpapier auslegen.
- Den Teig portionsweise auf einer bemehlten Arbeitsfläche etwa 3 mm dick ausrollen und beliebige Formen ausstechen. Die ausgestochenen Plätzchen auf das Backblech legen, mit der Quittenmasse bestreichen und mit Plätzchen derselben Form bedecken.
- In einer Tasse Sahne, Wasser, Kurkuma und Zucker verrühren und die Plätzchen damit bestreichen. Anschließend etwa 15 Minuten auf der mittleren Schiene backen und auf einem Kuchengitter auskühlen lassen.

KUCHEN, GEBÄCK UND BROT

Pistazien-Schoko-Herzchen

... da geht einem das Herz auf!

▶ **Für ca. 30 Stück**

⊙ **45 Min.**

50 g geschälte Pistazienkerne · 150 g Dinkelmehl · 60 g Vollrohrzucker · ¼ TL Natron · 1 TL Sojamehl · 1 TL Mineralwasser · 1 TL Obstessig · ¼ TL Vanille · 100 g vegane Margarine · 75 g Zartbitter-Kuvertüre 85 %

– Pistazienkerne mahlen und 1 Esslöffel davon beiseite stellen. Das Mehl auf eine Arbeitsfläche sieben. Den Vollrohrzucker über das Mehl geben. Natron, Sojamehl, Mineralwasser, Essig, Vanille und Margarine in Flöckchen darüber geben und mit den Händen zu einem glatten Teig verkneten.

– Den Teig zu einer Kugel formen, in Frischhaltefolie wickeln und eine halbe Stunde im Kühlschrank ruhen lassen.

– Den Backofen auf 200 Grad Ober-/Unterhitze vorheizen.

– Den Teig etwa 5 mm dick ausrollen und Herzchen ausstechen. Diese auf ein mit Backpapier ausgelegtes Backblech legen und etwa 8 Minuten backen. Anschließend abkühlen lassen.

– Die Kuvertüre schmelzen. Die Herzchen zur Hälfte eintauchen und sofort mit Pistazien bestreuen.

Vollkornbrot

Die Kraft aus dem vollen Korn.

▶ **Für 1 Brot**

🕐 **15 Min. + 45 Min. Gehzeit + 30 Min. Backzeit**

550 g Dinkel-, Emmer- oder Weizenmehl (auch gemischt möglich) · 20 g Hefe · knapp 500 ml lauwarmes Wasser · 3 TL gemischte Gewürze (z. B. Anis, Fenchelsamen, gemahlene Korianderkörner, Kreuz- oder Schwarzkümmel) · 3 EL gemischte Samen (z. B. Leinsamen, Mohn, Sesam) · 3 EL gemischte Kerne (Sonnblumenkerne, Kürbiskerne, Walnüsse oder Haselnüsse) · 1 TL Meersalz oder 1 EL Kräutersalz

- Den Backofen auf 240 Grad (Ober-/Unterhitze) vorheizen.
- Zutaten mit den Gewürzen und Samen zu einem Germteig kneten, ca. 30 Minuten gehen lassen und anschließend in eine Kastenform drücken. Noch einmal ca. 15 Minuten gehen lassen.
- Dann 10 Minuten bei 240 Grad Ober-Unterhitze backen, die Hitze auf 190 Grad reduzieren und weitere 20 Minuten backen. Bitte stellen Sie vorher eine kleine feuerfeste Tasse mit Wasser in den Backofen!

TIPP

Statt eine Kastenform zu verwenden, können Sie auch einen runden Brotteig formen und diesen auf ein gefettetes Backblech legen.

Vollkornbrötchen

Geht schnell und einfach.

▶ **Für etwa 12 Brötchen**

🕐 **10 Min. + 50 Min. Gehzeit + 20 Min. Backzeit**

500 g Dinkelmehl (möglichst frisch gemahlen) · 20 g frische Hefe · 50 g Sesamsamen (oder andere Samen, siehe unten) · 3 TL Kräutersalz · 330 ml lauwarmes Wasser (evtl. etwas weniger) · Kokosöl zum Einfetten des Backbleches

- Alle Zutaten zu einem Teig verkneten. An einem warmen Platz etwa 50 Minuten gehen lassen. Die Sesamsamen kann man entweder mit in den Teig einarbeiten oder zum Verzieren der Brötchenoberfläche benutzen.
- Den Backofen rechtzeitig auf 200 Grad (Ober-/Unterhitze) vorheizen.
- Wenn die Gehzeit vorüber, ist aus dem Teig 12 gleich große Brötchen formen, Wenn man die Brötchen mit Sesamsamen verzieren möchte, muss man sie mit Wasser etwas anfeuchten, damit die Samen haften.
- Die Brötchen auf einem eingefetteten Backblech verteilen. Bei 200 Grad Ober-/Unterhitze etwa 20 Minuten backen. Bitte eine kleine feuerfeste Tasse Wasser mit in den Backofen stellen!

▶ **Variante**

Man kann hier anstelle von Sesamsamen auch Hanfsamen, Sonnenblumenkerne, Leinsamen, Mohn oder Gewürze wie Majoran, Kümmel, Petersilie, Koriander etc. nehmen. Ganz nach Gusto …!

KUCHEN, GEBÄCK UND BROT

Orangengratin

Im Duo mit dem Schokoeis von Seite 114
ein göttlicher Genuss!

▶ **Für 2 Personen**
⏱ **20 Min. + Auskühlzeit + 10 Min. Backzeit**
4 Bio-Orangen · 2 EL Puderzucker · 2 × 50 ml Soja-Sprühsahne
(oder selbst aufgeschlagene Sojasahne) · 2 EL Grand Marnier

- Die Orangen waschen und mit einem Sparschäler von einer
  Orange ein paar Schalenstreifen abziehen. Diese in feine
  lange (Julienne-)Streifen schneiden und beiseite stellen.
  Sie brauchen davon 1 Esslöffel.
- Die Orangen filetieren und in einer Schüssel den Saft
  auffangen. Sie benötigen hiervon 50 ml. Die Orangenfilets
  in einer feuerfesten Auflaufform rosettenförmig auslegen.
- Den Puderzucker in einer Pfanne bei mäßiger Hitze karamellisieren (der Zucker wird braun und es bilden sich
  richtige Karamellstücke). Dann mit Orangensaft ablöschen
  und so lange unter Rühren köcheln lassen, bis sich die
  Karamellstücke vollständig aufgelöst haben.
- 50 ml Sahne hinzufügen und zu einer sämigen Sauce
  kochen. Mit Grand Marnier aromatisieren und erkalten
  lassen.
- Den Backofen auf Grilltemperatur 250 Grad (Ober-/Unter-
  hitze) vorheizen.
- Wenn die Sauce erkaltet ist, die restlichen 50 ml Sahne
  unter die Orangensauce heben. Die Juliennestreifen auf
  den Orangen gleichmäßig verteilen und die Orangensauce
  darüber geben. Anschließend im Backofen goldgelb
  gratinieren.

▶ **Variante**
Statt Sojasahne können Sie auch aufschlagbare Kokossahne
(Fa. Soyatoo) verwenden.

SÜSSSPEISEN UND DESSERTS

SÜSSSPEISEN UND DESSERTS

Erdbeeren mit Grand Marnier

Mit diesem Dessert können Sie richtig auftrumpfen!

▶ **Für 2 Personen**
🕙 **15 Min.**

250 g frische Erdbeeren · 1 Bio-Orange (Schale und Saft) · 60 g Zucker · 3 TL Wasser · 3 EL Grand Marnier · 1 Msp. Cayennepfeffer · 2 EL Pistazien · veganes Vanilleeis (Bioladen)

- Die Erdbeeren waschen, trocken tupfen, grüne Stiele entfernen und die größeren Früchte in grobe Stücke schneiden. Kleine Früchte ruhig ganz lassen.
- Die Orange mit warmem Wasser gut waschen, trocknen und etwa ½ Teelöffel Schale abreiben. Die Orange halbieren und auspressen. Sie brauchen etwa 120 ml Saft.
- In einer Pfanne den Zucker und das Wasser karamellisieren lassen. Orangenschale, -saft und Grand Marnier hinzufügen. Sobald sich der Zucker aufgelöst hat, die Mischung mit Cayennepfeffer würzen und die Erdbeeren etwa 4 – 5 Minuten darin dünsten. Die Früchte müssen noch Biss haben. Pistazien mit dem Mörser etwas zerstoßen und unterrühren.
- Die Erdbeeren in Schälchen geben und mit einer Kugel Vanilleeis anrichten.

Mousse au chocolat

Immer eine Sünde wert!

▶ **Für 2 Personen**
🕙 **20 Min. + mind. 2 Std. Kühlzeit**

75 g vegane Zartbitterschokolade · ½ Vanilleschote · 200 g kalte Sojasahne · 1 Päckchen Sahne-Fest (oder Sahnesteif) · 1 EL Grand Marnier (optional) · optional zum Garnieren: Mandelblättchen · Pfefferminzblättchen und frisches Obst

- Die Zartbitterschokolade im Wasserbad schmelzen. Erkalten lassen und noch einmal erwärmen.
- Die Vanilleschote aufschneiden und das Mark mit einem Messer herauskratzen.
- Die Sojasahne kurz mit dem Handrührgerät anschlagen, Sahne-Fest, Vanillemark und Grand Marnier hinzufügen und weiterrühren. Geschmolzene Zartbitterschokolade hinzufügen und gut durchschlagen.
- Mindestens 2 Stunden kalt stellen und anschließend auf Tellern anrichten, eventuell mit Mandelblättchen, Pfefferminzblättchen und frischem Obst garnieren.

▶ **Variante**

Sie können die Mousse auch vor dem Kaltstellen schon portionsweise in kleine dekorative Gläser füllen.

Schokoeis mit Pfefferminzblättchen

Mit der Eismaschine gelingt es ganz fix.

▶ **Für etwa 500 ml Eis**
🕙 **20 Min. + 30 Min. Eismaschine + etwa 4 Std. Gefrierzeit**

100 g Bio-Zartbitterschokolade 85 % · 50 g Zucker · 20 g veganes Kakao-Pulver oder Carob-Pulver · 250 g kalte Sojasahne · 3 EL Sojamilch · evtl. Pfefferminzblättchen zum Garnieren

- Die Schokolade raspeln und zusammen mit den anderen Zutaten in eine Schüssel geben und mit dem Zauberstab oder dem Handrührgerät etwa 4 – 5 Minuten schlagen.
- Anschließend in die Eismaschine geben und 30 Minuten rühren lassen. Danach für mindestens 4 Stunden im Eisfach gefrieren lassen.
- Mit Pfefferminzblättchen garnieren und servieren.

Ananas-Mandel-Rum-Törtchen mit Eis

Auch »pur« ein Gedicht.

- Für das Eis die Ananas fein würfeln und zusammen mit dem Puderzucker pürieren. Den Zitronensaft unterrühren. In einer separaten Schüssel die kalte Sojasahne mit einem Handrührgerät aufschlagen, Sahne-Fest hinzufügen und so lange rühren, bis die Sahne fest ist. Die Sahne unter die Ananas-Mischung heben und 30 Minuten in der Eismaschine rühren lassen. Anschließend über Nacht ins Eisfach geben.
- Die Ananasstücke aus dem Glas in ein Sieb schütten und den Saft in einer Schüssel auffangen. Die Ananasstücke grob mit dem Messer zerkleinern. Die Margarine schaumig schlagen. Zucker, Sojamehl und Mineralwasser hinzufügen und etwa 2 Minuten gut durchrühren. Die Mandeln hinzufügen und noch 1 Minute weiterrühren. Zum Schluss vorsichtig mit einem Löffel die Ananasstücke unterheben.
- Den Ananassaft mit dem Rum verrühren.
- Eine Auflaufform mit Alufolie auskleiden. Dann den Zwieback kurz durch den Ananas-Rum-Saft ziehen und die Auflaufform damit auslegen. Anschließend eine Lage Mandel-Ananas-Creme darauf streichen und wieder eine Schicht getränkten Zwieback darauf legen. Dann die restliche Creme verteilen und zum Schluss wieder mit einer Lage getränktem Zwieback belegen. Mit Folie bedecken und für mindestens 6 Stunden in den Kühlschrank stellen. Dann die Torte auf ein Brett stürzen.
- Die kalte Sahne mit dem Handrührgerät kurz aufschlagen, Sahne-Fest und Vanillepulver dazugeben und die Sahne so lange schlagen, bis sie eine feste Konsistenz hat. Anschließend die Torte damit oben und ringsherum bestreichen und mit Mandelblättchen dekorieren.
- Zusammen mit dem Ananas-Eis servieren und eventuell noch mit frischen Pfefferminzblättchen garnieren.

▶ Für eine Auflaufform
20 x 20 x 6 cm, ausreichend
für 4 Personen
🕐 25 Min. + 6 Std. Kühlzeit
+ 15 Min. Nachbereitung
für das Törtchen

Für das Eis:
100 g frische Ananas
50 g Puderzucker
¼ TL Zitronensaft
125 ml kalte Sojasahne
½ Päckchen Sahne-Fest (Fa. Arche)

Für das Törtchen:
1 kleines Glas Ananas
(Füllmenge 350 g)
80 g zimmerwarme vegane
Bio-Margarine
75 g Zucker
2 EL Sojamehl
2 EL Mineralwasser
100 g geriebene Mandeln
4 – 5 EL Rum
200 g veganer Zwieback
(z. B. Fa. Sommer im Bioladen)
125 ml kalte Sojasahne
½ Päckchen Sahne-Fest (Sahnesteif
von Fa. Arche, Bioladen)
1 Msp. echtes Vanillepulver
Mandelblättchen zum Garnieren

SÜSSSPEISEN UND DESSERTS

Apfelstrudel

Der Klassiker aus Wien.

- Für den Strudelteig alle Zutaten zu einem glatten, geschmeidigen Teig verkneten und im Kühlschrank in Frischhaltefolie 2 Stunden ruhen lassen (wenn man gekauften Strudelteig aus dem Kühlregal verwendet, verkürzt sich die Zubereitungszeit).
- Den Backofen auf 200 Grad (Ober-/Unterhitze) vorheizen.
- Äpfel waschen, vierteln, entkernen, in feine Scheiben schneiden und in eine Schüssel geben. Mandeln, Zitronensaft, Zucker oder Reismalz, Semmelbrösel, Rosinen, Rum und Calvados gut mit einem Esslöffel untermischen und ziehen lassen.
- Den Strudelteig zwischen 2 Lagen Backpapier dünn ausrollen. Obere Lage nach dem Ausrollen entfernen. Die untere Lage eignet sich geschickt zum Anrichten des Strudels und späterem Backen auf dem Backblech.
- Den Strudelteig mit geschmolzener Margarine bestreichen und mit etwas Zucker bestreuen. Alternativ kann man Margarine mit etwas Reismalz mischen und in einer feuerfesten Tasse kurz erhitzen, damit sie fürs Einpinseln flüssig ist.
- Anschließend ein wenig Semmelbrösel darüber streuen und die Fülle in einem dicken Streifen auf der Längsseite des Strudelteiges geben. Dabei einen etwa 5 cm breiten Rand freilassen. Den Strudel oben und an den Seiten gut verschließen (wer es wagt, kann ihn auch rollen) und mit geschmolzener Alsan-Butter (eventuell mit etwas Reismalz vermischt) bepinseln. Den Strudel samt dem Backpapier auf ein Blech legen und 20 Minuten im vorgeheizten Backofen backen.
- Den Strudel etwas abkühlen lassen, in gleichmäßige Stücke schneiden und mit Puderzucker bestäubt servieren. Dazu passt auch geschlagene Sojasahne, Vanilleeis oder Vanillesauce.

▶ Variante

Meine Freundin Margit stammt aus Wien. Gemäß dem österreichischen Originalrezept hat ihre Mutter den Strudel nicht kühl gestellt, sondern mit einer sehr heiß ausgespülten Schüssel bedeckt. Auch das funktioniert!

▶ **Für 4 Personen**
 ⏲ **20 Min. + 2 Std. Kühlzeit**
 + 20 Min. Backzeit

Für den Strudelteig:
125 g Weizenmehl Type 405
80 ml lauwarmes Wasser
10 ml Olivenöl
¼ TL Apfelessig
1 Msp. Salz

Für die Fülle:
250 g Äpfel
 50 g gehackte Mandeln
 1 TL Zitronensaft
 40 g Rohrzucker oder 2 – 3 EL Reismalz
 2 EL Semmelbrösel
 25 g Rosinen
15 ml Rum (oder Apfelsaft)
20 ml Calvados (oder Apfelsaft)

Zum Bestreichen:
 vegane Bio-Margarine
 Zucker oder Reismalz
 Semmelbrösel und etwas
 Puderzucker zum Verzieren

Hefetaler mit Aprikosen-Pfefferminz-Ragout

Ein Hauch von Sterneküche, einfach zuzubereiten.

▶ **Für 2 Personen**
⏱ **35 Min.**

Für die Hefetaler:
50 ml lauwarme Soja- oder Hafermilch
10 g frische Hefe
2 cm Orangenschale
2 cm Zitronenschale
½ Vanilleschote
80 g Weizenmehl Type 405
1 EL Sojamehl
4 EL Wasser
1–2 TL Rohrzucker
1 EL Sonnenblumenöl

Für das Ragout:
500 g frische Aprikosen
½ Vanilleschote
2 cm Orangenschale
2 cm Zitronenschale
4 Pfefferminzblätter
2 EL Mirin (Reiswein) oder Wasser
2 EL Wasser
1–2 EL Ahornsirup
2 EL Grand Marnier (oder Orangensaft)
⅛ l trockener Weißwein

- Für die Hefetaler die Milch erwärmen und die Hefe darin auflösen. Die Orangen- und Zitronenschale fein hacken. Die Vanilleschote längs aufschlitzen und das Mark herauskratzen. Mehl, Sojamehl, Hefemilch, Vanillemark, Zucker, Orangen- und Zitronenschale sowie nach und nach das Wasser mit dem Handrührgerät zu einem Teig von zähflüssiger Konsistenz rühren. An einem warmen Platz 20 Minuten gehen lassen.
- Für das Ragout die Aprikosen waschen, trocknen, halbieren, entkernen und vierteln. Die Vanilleschote längs aufschlitzen und das Mark herauskratzen. Orangen- und Zitronenschale fein hacken. Pfefferminzblätter waschen, trocken tupfen und grob in kleine Stücke schneiden.
- Das Mirin und das Wasser in einer Pfanne erhitzen, die Aprikosen, den Ahornsirup, das Vanillemark, die Orangen-und Zitronenschale hinzufügen und etwa 5 Minuten unter Wenden andünsten. Mit Grand Marnier und Weißwein ablöschen und etwa 15 Minuten köcheln lassen.
- Für die Hefetaler das Öl in der Pfanne erhitzen, Orangen- und Zitronenschale hinzufügen und mit zwei Esslöffeln nach und nach eine kleine Menge Teig in die Pfanne geben. Den Teig zu Taler-Formen drücken und auf beiden Seiten in etwa 3 Minuten goldbraun braten.
- Die heißen Taler zusammen mit dem lauwarmen Aprikosenragout servieren und mit Pfefferminz-Blättchen bestreuen.

Panna Cotta mit Heidelbeer-Püree

In der italienischen Küche darf dieser Nachtisch nicht fehlen!

▶ **Für 2 Personen**

⏱ **10 Min. + 5 Std. Kühlzeit**

Für die Panna Cotta: ¼ Vanilleschote · 175 g Sojasahne (Natumi oder Soyatoo) · 75 ml Sojamilch · 25 g Vollrohrzucker · ½ TL Agar Agar

Für das Fruchtpüree: ¼ Vanilleschote · 125 g Heidelbeeren · ½ TL Zitronensaft · 1 TL Zucker (optional) · Pfefferminzblätter zum Garnieren

– Die Vanilleschote längs aufschneiden und das Mark mit einem Messer herauskratzen. Das Mark zusammen mit der Sojasahne, der Sojamilch und dem Vollrohrzucker in einen Topf geben und aufkochen.

– Vom Feuer nehmen, Agar Agar hineingeben, noch einmal kurz aufkochen und in 2 sturzfähige Schüsselchen füllen. Etwas abkühlen lassen und dann etwa 5 Stunden kalt stellen, damit die Masse fest wird.

– Für das Fruchtpüree die Vanilleschote längs aufschneiden und das Mark mit einem Messer herauskratzen. Die Heidelbeeren waschen und in einem Sieb abtropfen lassen. Die Heidelbeeren zusammen mit dem Vanillemark, dem Zitronensaft und dem Zucker pürieren.

– Die Panna Cotta auf einen Teller stürzen, mit Fruchtpüree dekorativ anrichten und mit Pfefferminzblättern garnieren.

▶ **Variante**

Das Fruchtpüree gelingt auch mit allen anderen Beeren (Himbeeren, Erdbeeren, Brombeeren etc.).

Rote Grütze

Der absolute Renner, wenn es frische Beeren gibt!

▶ **Für 2 Personen**

⏱ **10 Min.**

250 g gemischte Beeren · 1 EL Ahornsirup · 1 Msp. echtes Vanillepulver · 1 TL Agar Agar · ¼ Liter dunkler Fruchtsaft (Sauerkirschsaft, Johannisbeersaft)

– Die Beeren waschen, gut abtropfen lassen und in eine Schüssel geben. Große Früchte eventuell teilen. Sie können die Beeren auch gleich portionsweise in kleine Schüsselchen geben. Ahornsirup und Vanille vorsichtig untermischen.

– Das Agar Agar mit etwa 3 EL Fruchtsaft klümpchenfrei anrühren, restlichen Fruchtsaft zum Kochen bringen. Agar Agar mit dem Schneebesen unterrühren und etwa 5 Minuten unter ständigem Rühren kochen lassen.

– Anschließend über die Beeren gießen und im Kühlschrank erstarren lassen. Agar Agar geliert erst beim Kühlen, also keine Sorge, wenn die Masse nach 5 Minuten Kochen noch flüssig ist.

▶ **Variante**

Auf dieselbe Art können Sie auch eine Grüne Grütze zubereiten. Nehmen Sie anstelle der Beeren einfach grüne Früchte wie Trauben, Kiwi, Apfelstücke, grüne Johannisbeeren, Stachelbeeren etc.

Tipp

Dazu passt auch kalte geschlagene Sojasahne oder eine Kugel Vanilleeis!

SÜSSSPEISEN UND DESSERTS

119

Tiramisu

Sehr ungesund, aber sündhaft lecker.

▶ Für eine Auflaufform 20 × 20 × 6 cm, ausreichend
für 4 Personen
🕙 15 Min. + 6 Std. Kühlzeit

1 große Tasse schwarzer Kaffee · 1 Vanilleschote (ersatz-
weise ½ TL echtes Vanillepulver) · 200 ml kalte Sojasahne
(Natumi oder Soyatoo) · 1 Sahne-Fest (Sahnesteif von der
Fa. Arche) · 150 g Seidentofu · 5 EL Zucker · 2 EL Rum (oder
Amaretto) · 1 Packung veganer Dinkel- oder Emmer Zwieback
(Bioladen, Fa. Sommer) · 2 – 3 TL Kakaopulver

- Kaffee zubereiten und etwas abkühlen lassen.
- Vanilleschote der Länge nach aufschlitzen und das Mark
  herauskratzen. Die gekühlte Sahne kurz anschlagen,
  Sahne-Fest und Vanillemark hinzufügen und die Sahne
  steif schlagen. Seidentofu, Zucker und Rum unterrühren.
- Zwieback kurz in den Kaffee eintauchen und eine Schicht
  davon auf den Boden der Auflaufform verteilen. Dann mit
  einer Schicht der Creme übergießen. Eine zweite Schicht
  Zwieback in Kaffee tauchen und auf die Creme legen.
  Die Zwieback-Schicht wieder mit Creme übergießen usw.
- Auf die oberste Schicht Creme das Kakaopulver streuen
  und am besten über Nacht im Kühlschrank kalt stellen.

Tipp

Den Genuss können Sie noch toppen, wenn Sie vor dem
Servieren über jede Portion einen Teelöffel Amaretto
träufeln.

Vanilleeis mit Kürbiskernöl und gerösteten Kürbiskernen

Cremig und zugleich knusprig.

▶ Für etwa 900 ml Eis (4 Portionen)
🕙 10 Min. + 30 Min. Eismaschine + 4 Std. Gefrierzeit

1 Vanilleschote · 250 ml Soja- oder Kokossahne · 1 TL Agar
Agar · 90 g Zucker · 500 g Sojajoghurt · pro Portion 1 TL Kürbiskerne und 1 TL Kürbiskernöl

- Die Vanilleschote der Länge nach aufschlitzen und das
  Mark herauskratzen. Die Sojasahne zusammen mit dem
  Vanillemark, dem Agar Agar und dem Zucker mit dem
  Handrührgerät schaumig schlagen.
- Den Sojajoghurt unterrühren und die Masse in der Eismaschine 30 Minuten rühren lassen. Anschließend etwa
  4 Stunden im Tiefkühlfach gefrieren lassen.
- Zum Servieren die Kürbiskerne in einer Pfanne ohne Fett
  anrösten, bis sie zu duften beginnen, mit dem Mörser
  etwas zerkleinern und über das Eis streuen. Zum Schluss
  etwas Kürbiskernöl darüber träufeln und genießen.

▶ Variante

Anstelle von Kürbiskernen und Kürbiskernöl können
Sie das Eis auch mit frischen Früchten garnieren,
wie z. B. Erdbeeren, Brombeeren, Himbeeren etc.

Heidelbeer-Pancakes

Wer kann da schon widerstehen?

▶ **Für 2 Personen**

🕐 **10 Min. + 10 Min. zum Ausbacken**

170 ml Soja- oder Hafermilch · 1 TL Essig (Apfel- oder Obstessig) · 150 g frische Heidelbeeren · 100 g Weizenmehl Type 550 · 1 TL Backpulver · 1 Prise Meersalz · 1 schwach gehäufter EL vegane Bio-Margarine · 3 EL Ahornsirup · Sonnenblumenöl zum Ausbacken

- Sojamilch mit Essig mischen und kurz stehen lassen, bis die Sojamilch stockt.
- Heidelbeeren waschen und gut abtropfen lassen. Mehl, Backpulver und Salz in einer Schüssel mischen. Die Margarine erwärmen und zusammen mit dem Ahornsirup zu der Mehl-Mischung geben. Mit einen Handrührgerät verrühren und nach und nach die Sojamilch unterrühren.
- Sonnenblumenöl in einer beschichteten Pfanne erhitzen und mit einer Schöpfkelle die Hälfte des Teiges in die Pfanne geben. Bei mittlerer Hitze backen. Die Hälfte der Heidelbeeren über dem Pfannkuchen verteilen, Deckel auflegen und kurz weiterbacken, einmal wenden und fertig backen. Mit dem zweiten Pfannkuchen genauso verfahren.

Überzeugungsmenüs für nicht-vegane Familienmitglieder und Freunde

Puh, jetzt bin ich also VeganerIn, werde im Familien-, Freundes- und Kollegenkreis mit einem Auge milde belächelt, mit dem anderen Auge – wenn's echt gut läuft – still bewundert. Ich lade zum Essen ein und koche vegan! Die Gäste sind neugierig – aber auch skeptisch. Was koche ich, damit es ihnen wirklich an nichts Animalischem fehlt?

Klar, im Vordergrund eines schönen Abends mit Freunden steht natürlich nicht das Essen, sondern das harmonische Beisammensein. Aber wenn das Essen nicht stimmt, haben Gastgeber und Gäste selten einen schönen Abend. Ein gutes Essen ist mindestens die halbe Miete für eine gelungene Einladung.

Es gibt zwei Möglichkeiten: Entweder ich koche mit Fleischersatzprodukten und imitiere ein Cordon Bleu, Wiener Schnitzel oder Gyros auf rein pflanzlicher Basis und verblüffe sie damit, dass ich den Geschmack erstaunlich gut treffe, obwohl diese Gerichte keinerlei tierliche Produkte enthalten. Damit kann man sicher beeindrucken.

Das ist aber bei Noch-Fleischessern auch etwas riskant, weil diese eventuell doch einen kleinen oder feinen Unterschied schmecken und einem den Abend vermiesen können, indem sie der Tischrunde detailliert nahelegen wollen, welche konkreten Unterschiede sie herausschmecken. Da fast keiner zum Veganismus konvertiert ist, weil ihm tierliche Nahrung nicht geschmeckt hat, kann das unter Umständen in einer ziemlich sinnlosen und wenig förderlichen Diskussion enden. Natürlich kann ein veganes Cordon Bleu oder Gyros anhand der Gewürze und Zutaten allenfalls an den Geschmack von echtem Gyros erinnern, mehr aber auch nicht.

Ich persönlich bin bekanntlich kein allzu großer Freund von Fleisch- und Käseersatzprodukten, weil mir der Geschmack von Fleisch und Käse absolut nicht fehlt. Ich will Ihnen deshalb auch kein »falsches Fleisch« servieren. Ich möchte Ihnen zeigen, dass wir super essen und genießen können ohne den Geschmack und Inhalt von tierlichen Produkten! Es gibt genügend pflanzliche Produkte, denen auch die meisten Nicht-Veganer nicht widerstehen können. Was gibt es denn z. B. Besseres als schwarzen Trüffel, frischen Spargel, Steinpilze, Erdbeeren & Co.? Je nach Jahreszeit, versteht sich.

Die zweite Variante ist also die Verwendung von Gemüse, Pilzen und Co., völlig ohne »falsches Fleisch«. Nach meiner Erfahrung sind die Gäste mit solchen Zutaten absolut glücklich. Dann kommen Sätze wie »Ich bin so angenehm satt, überhaupt nicht so vollgegessen und müde wie sonst nach einem mehrgängigen Menü« oder ungläubige Sätze wie »Und das war jetzt alles echt vegan?« (der Unglaube steckt wohl in dem Gedanken, dass gesunde vegane Kost nicht schmeckt). Sie werden die Liste mit Ihren eigenen Erfahrungen sicher positiv füllen können!

Ein guter Start in den Abend ist das A und O. Vorneweg zur Begrüßung serviere ich immer einen Prosecco, Sekt oder Crémant (gerne mit einem Schuss Aperol oder Holundersirup). Oder ich werfe einfach eine Erdbeere in den Glasboden. Dazu ein paar kleine Snacks wie Oliven, Nüsse oder kleinen Canapés mit veganem Brotaufstrich (Aufstriche siehe Seite 31). Hier hat man je nach Gästeanzahl Gelegenheit, sich auf den veganen Abend einzustimmen und zu warten, bis alle Gäste eingetroffen sind.

Bei einem veganen Abend müssen Sie jedoch wissen, dass sowohl Sekt als auch Wein und Fruchtsäfte meist nicht vegan sind. Das wird viele zunächst in ziemliches Erstaunen setzen. Googeln Sie einfach mal nach »Sekt vegan« oder »Wein vegan« – da können Sie staunen, was an tierlichen Inhaltsstoffen wie Eiklar und Gelatine zum Klären der Erzeugnisse verwendet wird. Nach meiner

Erfahrung wird man z. B. bei der Firma Rapunzel in Sachen Prosecco, Sekt, Wein, Fruchtsaft und auch Essigsorten immer vegan fündig.

Auf den folgenden Seiten habe ich Ihnen vier Menüs zusammengestellt, mit denen Sie bestimmt auch die größten Fleisch-Liebhaber in Ihrem Freundes- und Familienkreis davon überzeugen können, dass veganes Essen lecker ist und absolut nichts mit Verzicht zu tun hat.

Sobald Sie in Ihrem Freundeskreis als VeganerIn voll akzeptiert und etabliert sind, servieren Sie Ihren Gästen doch einfach mal Gerichte mit Fleischersatz-Produkten und testen Sie die Reaktionen. Meiner Erfahrung nach reagieren die Fleischkenner so, dass sie die fleischige Konsistenz der Ersatzprodukte zwar bestätigen, es ihnen jedoch etwas an Muskelfasern und Sehnen »mangelt«. Der Tenor ist jedoch meistens, dass das Gericht richtig lecker schmeckt und ihnen »das Tier im Fleisch« nicht fehlt.

Nach meiner Erfahrung kann man Freunde, die Fleisch und Milchprodukte mögen, mit einem veganen Menü zwar sehr beglücken und beeindrucken. Allerdings habe ich es noch nicht geschafft, mit der Vermittlung des veganen guten Geschmacks und der enormen Bekömmlichkeit dieser Mahlzeiten jemanden zum stetigen Veggie-Dasein zu bringen.

Seien Sie bei gleichen Erfahrungen bitte nicht enttäuscht. Es ist bereits ein großes Plus, dass man selbst in vollem Umfang als VeganerIn akzeptiert, verstanden und teilweise sogar mit Hochachtung betrachtet wird. Ich habe Freunde, die als Arzt, Rechtsanwalt oder im Schichtdienst einen anstrengenden 12–14-Stunden-Tag haben, und zusätzlich noch Kinder jeglichen Alters – für die wäre es zwar grundsätzlich natürlich schon möglich, sich vegan zu ernähren. Keine Frage. Es bedeutet für solche Menschen jedoch in der Umstellungsphase schon etwas Mehraufwand (Informationen sammeln, einkaufen, kochen – sofern sie das Kochen überhaupt beherrschen), als für jemanden, der für diese Dinge einfach etwas mehr Zeit zur Verfügung hat. Das muss man ehrlicherweise einfach sagen.

Wer jedoch die Beweggründe der veganen Ernährung über die Gesundheit hinaus, vom Tierschutz bis zum Klimaschutz, in seinem Bewusstsein verinnerlicht hat, der braucht nicht mit einem veganen Menü von gutem Geschmack überzeugt werden. Derjenige findet den guten Geschmack, die Nahrungs- und Lebensmittel der veganen Ernährung von selbst, und benötigt für den Anfang allenfalls ein schönes Kochbuch, von denen es neben diesem hier auch noch andere gibt.

Frühlingsmenü

Rhabarber-Süppchen

Weckt garantiert Frühlingsgefühle!

▶ **Für 2 Personen**

🕐 **30 Min.**

2 schlanke Rhabarberstangen · 1,5 EL Ahornsirup · 150 g Spitzkohl · ½ Fenchelknolle · 2 Frühlingszwiebeln · ½ Peperoni · 1 Knoblauchzehe · 50 g Räuchertofu · 2 EL Bratöl · je 1 TL Kreuzkümmel und Koriandersamen · 15 g Aroniabeeren (z. B. Fa. Rapunzel) · 125 ml Weißwein · ca. 125 ml Gemüsebrühe · 1 EL Mirin (z. B. Fa. Ruschin Makrobiotik) · 60 ml Kokossahne (z. B. Soyatoo) · 1 EL frisch geriebener Meerrettich (oder aus dem Glas) · 2 EL frische Kräuter nach Wahl · Chilifäden (z. B. bei EDEKA von der Fa. Spice Islands)

- Vom Rhabarber die Enden abschneiden. Die Stangen waschen und mit einem Küchenmesser die Fäden abziehen. Anschließend in etwa 1 cm lange Stücke schneiden, in eine Schüssel geben und mit dem Ahornsirup vermengen.
- Kohl und Fenchel waschen und in feine Streifen schneiden. Frühlingszwiebeln waschen und schräg in etwa 1 cm lange Röllchen schneiden. Peperoni waschen und fein hacken. Knoblauch schälen und fein hacken. Räuchertofu in kleine Würfelchen schneiden.
- Nun das Öl in einem Wok oder einer hohen Pfanne erhitzen und den Räuchertofu anbraten. Dann Kohl, Fenchel, Frühlingszwiebel, Peperoni und Knoblauch zufügen und unter ständigem Wenden kurz anschwitzen.
- Kreuzkümmel und Koriandersamen im Mörser zerstoßen. Zusammen mit dem Rhabarber und den Aroniabeeren untermengen und mit dem Wein ablöschen. Gemüsebrühe hinzugießen, alles kurz unter ständigem Rühren leicht köcheln lassen. Mirin, die Kokossahne und den Meerrettich untermischen. Alles kurz durchziehen lassen, die frischen Kräuter untermengen und mit Chilifäden garniert servieren. Reichen Sie noch etwas Baguette oder Ciabatta dazu.

Gegrillter Spargel mit getrockneten Tomaten und Kräuter-Kartoffeln

Für Grill und Backofengrill geeignet.

▶ **Für 2 Personen**

🕐 **40 Min.**

500 g neue Bio-Kartoffeln · 1 kg weißer Spargel · 5 getrocknete Tomaten · 3 EL Sesamöl · 2 EL frischer oder getrockneter Estragon · 1 TL Puderzucker · 1 TL Himbeeressig · Meersalz · Pfeffer · 1 Msp. Chilipulver

- Ggf. den Backofen auf 250 Grad vorheizen. Die Kartoffeln waschen und mit der Schale weichkochen.
- Spargel kurz mit Wasser abwaschen, die Spargelenden etwa 1 cm abschneiden und den Spargel mit einem Spargelschäler schälen. Getrocknete Tomaten in feine Streifen oder kleine Würfel schneiden.
- 2 große Stücke Alufolie abreißen und jeweils mit etwas Sesamöl einpinseln. Die Spargelstangen auf den beiden Folien der Länge nach verteilen, jeweils mit Estragon und Puderzucker bestreuen. Die getrockneten Tomatenstreifen darüber geben, mit Sesamöl und Himbeeressig beträufeln. Zum Schluss sehr sparsam salzen, pfeffern und einen Hauch Chilipulver darüber geben.
- Die Alufolienpäckchen gut verschließen (»Bonbonpackung«) und für etwa 25 Minuten auf den heißen Grill legen oder in der Grill-Funktion im Backofen bei 250 Grad grillen.
- Die Alufolie entfernen und den Spargel auf 2 Teller verteilen. Kartoffeln ggf. schälen und aufschneiden und mit wenig Estragon bestreut servieren. Auf Wunsch können die Kartoffeln auch noch mit etwas Sesamöl beträufelt werden.

▶ **Variante**

Statt Estragon kann auch Salbei frisch oder getrocknet verwendet werden.

Erdbeeren mit Grand Marnier

Mit diesem Dessert können Sie richtig auftrumpfen!

- Die Erdbeeren waschen, trocken tupfen, grüne Stiele entfernen und die größeren Früchte in grobe Stücke schneiden. Kleine Früchte ruhig ganz lassen. Die Orange mit warmem Wasser gut waschen, trocknen und etwa ½ Teelöffel Schale abreiben. Die Orange halbieren und zu Saft pressen. Sie brauchen etwa 120 ml Saft.
- In einer Pfanne den Zucker und das Wasser karamellisieren lassen. Orangenschale, -saft und Grand Marnier hinzufügen. Sobald sich der Zucker aufgelöst hat, mit Cayennepfeffer würzen und die Erdbeeren etwa 4 – 5 Minuten darin dünsten. Die Früchte müssen noch Biss haben. Pistazien mit dem Mörser etwas zerstoßen und unterrühren.
- Die Erdbeeren in Schälchen geben und mit einer Kugel Vanilleeis anrichten.

Tipp

Sie können anstelle von Pistazien auch ein kleines Glas grüne Pfefferkörner benutzen. Dazu seihen Sie die Körner ab, lassen sie abtropfen, hacken sie etwas klein und fügen sie vor dem Orangensaft dazu. Auch das schmeckt sehr exotisch!

▶ **Für 2 Personen**
🕐 **15 Min.**

250 g frische Erdbeeren
1 Bio-Orange (Schale und Saft)
60 g Zucker
3 TL Wasser
3 EL Grand Marnier
1 Msp. Cayennepfeffer
2 EL Pistazien
veganes Vanilleeis (Bioladen)

Sommermenü

Tomatensuppe

Kann man an heißen Tagen auch eiskalt servieren.

▶ **Für 2 Personen**
🕐 **40 Min.**

1 kleine Schalotte · 1 kleine Knoblauchzehe · ½ kleine rote Paprikaschote · 3 Fleischtomaten · 1 EL Olivenöl · 1 TL Tomatenmark · 1 EL Sojasauce · 1 TL Reismalz (oder Zucker) · frisch gemahlener schwarzer Pfeffer · je 1 Zweig Thymian, Rosmarin und Basilikum · 600 ml Gemüsebrühe · frische Basilikumblättchen zum Garnieren

- Schalotte und Knoblauch schälen und fein hacken. Paprika waschen, entkernen und grob würfeln. Tomaten waschen und ebenfalls in kleine Würfel schneiden. Kräuterzweige waschen und trocken tupfen.
- Olivenöl in einem Topf erhitzen, Schalotte und Knoblauch andünsten, Paprika- und Tomatenwürfel hinzufügen und kurz und ständigem Wenden anbraten. Tomatenmark, Sojasauce, Reismalz, Pfeffer und Kräuterzweige hinzufügen und mit der Gemüsebrühe auffüllen. Alles kurz aufkochen lassen und anschließend bei kleiner Hitze 30 Minuten köcheln lassen, bis die Tomaten und Paprika ganz weich sind.
- Die Kräuterzweige entfernen und die Suppe durch ein Sieb passieren. Notfalls noch einmal mit etwas Gemüsebrühe zur gewünschten Konsistenz verlängern. Die Suppe nochmals mit etwas Sojasauce, Reismalz, Pfeffer und Salz abschmecken und mit Basilikumblättchen bestreut servieren.

Spinatstrudel

Für Spinat-Liebhaber die perfekte Art, Spinat zu genießen.

▶ **Für 3 Personen**
🕐 **45 Min. + 30 Min. Backzeit (Auftauzeit Strudelteig beachten!)**

300 g veganer TK-Strudelteig · 150 g Sojajoghurt · 1 kg frischer Spinat · 1 – 2 EL Sesamöl · 2 EL Sonnenblumenkerne · 1 Bund Frühlingszwiebeln · 1 Bund Petersilie · 3 EL Haferschrot oder Haferflocken · 1 TL getrocknetes Liebstöckl und Beifuß (ersatzweise Wermuth) · Meersalz · Pfeffer · Sesamöl zum Bestreichen

- Den Strudelteig gemäß Packungsanleitung auftauen. Den Backofen auf 200 Grad Ober-/Unterhitze vorheizen.
- Den Sojajoghurt in ein feinmaschiges Sieb geben und so lange wie möglich abtropfen lassen (dann bekommt man eine quarkähnliche Konsistenz). Die Spinatblätter von den Stängeln befreien, gut waschen und trocken schleudern.
- 1 – 2 EL Sesamöl am besten im Wok erhitzen, den Spinat unter wenden anbraten bis er zusammenfällt. Zur Seite stellen und abkühlen lassen.
- Die Sonnenblumenkerne ohne Fett in einer Pfanne rösten.
- Frühlingszwiebel waschen und in etwa ½ cm breite Ringe schneiden. Petersilie waschen, trocknen und fein hacken.
- Sojajoghurt, Frühlingszwiebel, Petersilie, Haferschrot oder -flocken, geröstete Sonnenblumenkerne und die Gewürze unter den Spinat mengen.
- Den Strudelteig auf einer Arbeitsplatte ausbreiten, in 3 Teile schneiden, jedes Teil mit Spinat belegen und den Teig oben gut verschließen. Auf ein mit Backpapier ausgelegtes Backblech legen und mit Sesamöl einpinseln.
- Dann etwa 30 Minuten im Backofen backen bis die Strudel eine schöne Bräune haben und servieren.

Hefetaler mit Aprikosen-Pfefferminz-Ragout

Ein Hauch von Sterneküche, einfach zuzubereiten.

- Für die Hefetaler die Milch erwärmen und die Hefe darin auflösen. Die Orangen- und Zitronenschale fein hacken. Die Vanilleschote längs aufschlitzen und das Mark herauskratzen. Mehl, Sojamehl, Hefemilch, Vanillemark, Zucker, Orangen- und Zitronenschale, sowie nach und nach das Wasser mit dem Handrührgerät zu einem Teig von zähflüssiger Konsistenz rühren. An einem warmen Platz 20 Minuten gehen lassen.
- Für das Ragout die Aprikosen waschen, trocknen, halbieren, entkernen und vierteln. Die Vanilleschote längs aufschlitzen und das Mark herauskratzen. Orangen- und Zitronenschale fein hacken. Pfefferminzblätter waschen, trocken tupfen und grob in kleine Stücke schneiden.
- Das Mirin und das Wasser in einer Pfanne erhitzen, die Aprikosen, den Ahornsirup, das Vanillemark, die Orangen- und Zitronenschale hinzufügen und etwa 5 Minuten unter Wenden andünsten. Mit Grand Marnier und Weißwein ablöschen und etwa 15 Minuten köcheln lassen.
- Für die Hefetaler das Öl in der Pfanne erhitzen, Orangen- und Zitronenschale hinzufügen und mit zwei Esslöffeln nach und nach eine kleine Menge Teig in die Pfanne geben. Den Teig zu Taler-Formen drücken und auf beiden Seiten etwa 3 Minuten goldbraun braten.
- Die heißen Taler zusammen mit dem lauwarmen Aprikosenragout servieren und mit Pfefferminz-Blättchen bestreuen.

▶ **Für 2 Personen**
🕐 **35 Min.**

Für die Hefetaler:

50 ml lauwarme Soja- oder Hafermilch
10 g frische Hefe
2 cm Orangenschale
2 cm Zitronenschale
½ Vanilleschote
80 g Weizenmehl Typ 405
1 EL Sojamehl
4 EL Wasser
1 – 2 TL Rohrzucker
1 EL Sonnenblumenöl

Für das Ragout:

500 g frische Aprikosen
½ Vanilleschote
2 cm Orangenschale
2 cm Zitronenschale
4 Pfefferminzblätter
2 EL Mirin (Reiswein) oder Wasser
2 EL Wasser
1 – 2 EL Ahornsirup
2 EL Grand Marnier (oder Orangensaft)
⅛ l trockenen Weißwein

Herbstmenü

Kürbissuppe mit Zitronengras und Kokosmilch

Das Zitronengras gibt der Suppe eine frische Note.

▶ **Für 2 Personen**
⊙ **25 Min.**
1 Schalotte
350 g Hokkaido-Kürbis (Nettogewicht)
1 Stängel Zitronengras
1 kleines Stück Ingwer
(etwa 15 – 20 g)
½ Limette
1 EL Sesamöl
125 ml trockener Weißwein
400 ml Gemüsebrühe
50 ml Kokosmilch
1 Msp. Cayennepfeffer
1 Msp. Currypulver
Meersalz
1 EL Kürbiskerne und ein paar Tropfen
kaltgepresstes Kürbiskernöl
zum Verfeinern

- Die Schalotte schälen und fein hacken. Kürbis waschen, halbieren, das Kerngehäuse entfernen und in kleine Stücke schneiden (die Schale kann beim Hokkaido ebenfalls verwendet werden).
- Zitronengrasstängel waschen, in etwa 3 – 4 cm lange Stücke schneiden, längs halbieren und mit dem Mörser etwas anstoßen. Ingwer schälen und fein hacken oder mit einer Ingwerreibe fein reiben. Die halbe Limette zu Saft pressen und bis zum Gebrauch beiseite stellen.
- Das Öl in einem Topf erhitzen und die Schalotte anschwitzen. Die Kürbisstücke, das Zitronengras und den Ingwer hinzufügen und etwa 2 – 3 Minuten unter Rühren anbraten. Mit Weißwein und Gemüsebrühe ablöschen und bei mittlerer Hitze etwa 15 Minuten bei geschlossenem Deckel köcheln lassen, bis der Kürbis weich ist.
- Ist dies geschehen, die Zitronengrasstücke herausfischen und die Suppe mit einem Zauberstab fein pürieren. Kokosmilch und Limettensaft angießen, mit Cayennepfeffer, Currypulver und Salz abschmecken.
- In einer Pfanne ohne Fett die Kürbiskerne rösten, bis sie zu duften beginnen. Die Suppe in tiefen Tellern anrichten, mit Kürbiskernen bestreuen, ein paar Tropfen Kürbiskernöl darüber träufeln und am besten mit frischem Baguette genießen.

Steinpilzrisotto

Funktioniert auch mit getrockneten Steinpilzen.

▶ **Für 2 Personen**
🕐 **35 Min. (bei getrockneten Steinpilzen zusätzlich 25 Min. Einweichzeit)**
200 g frische Steinpilze (oder 50 g getrocknete) · 1 Schalotte · 1 kleine Knoblauchzehe (optional) · ¼ – ½ Bund Petersilie · 1 EL Olivenöl · 125 g Risottoreis (z. B. Arborio) · 75 ml Weißwein · ca. 350 ml Gemüsebrühe · 200 ml Pilzfond (aus dem Glas, ersatzweise Gemüsebrühe) · Meersalz · frisch gemahlener schwarzer Pfeffer · ½–1 TL Zitronensaft · 1 EL Olivenöl

- Frische Pilze mit einem Pinsel oder feuchten Küchentuch säubern und grob mit dem Messer zerkleinern. Bei der Verwendung von getrockneten Pilzen diese etwa 25 Minuten in lauwarmem Wasser einweichen und abseihen.
- Schalotte und Knoblauch schälen und fein hacken. Petersilie waschen, trocken tupfen, fein hacken und bis zum Gebrauch beiseite stellen.
- Olivenöl in einer hochwandigen Pfanne erhitzen und die Schalotte und den Knoblauch glasig anbraten. Reis und Pilze untermischen und mit Weißwein ablöschen. Nun den Reis bei mittlerer Hitze unter ständigem Rühren einkochen lassen. Immer wieder Brühe und Fond unter ständigem Wenden hinzufügen, bis alle Flüssigkeit aufgebraucht ist. Dieser Vorgang dauert etwa 20 Minuten.
- Am Ende mit Salz, Pfeffer, Zitronensaft und etwas Olivenöl abschmecken und mit Petersilie bestreut servieren.

Vanilleeis mit Kürbiskernöl und gerösteten Kürbiskernen

Cremig und zugleich knusprig.

▶ **Für etwa 900 ml Eis (4 Portionen)**
🕐 **10 Min. + 30 Min. Eismaschine + 4 Std. Gefrierzeit**
1 Vanilleschote · 250 ml Sojasahne · 1 TL Agar Agar · 90 g Zucker · 500 g Sojajoghurt · pro Portion 1 TL Kürbiskerne und 1 TL Kürbiskernöl

- Die Vanilleschote der Länge nach aufschlitzen und das Mark herauskratzen. Die Sojasahne zusammen mit dem Vanillemark, dem Agar Agar und dem Zucker mit dem Handrührgerät schaumig schlagen.
- Den Sojajoghurt unterrühren und die Masse in der Eismaschine 30 Minuten rühren lassen. Anschließend etwa 4 Stunden im Tiefkühlfach gefrieren lassen.
- Zum Servieren die Kürbiskerne in einer Pfanne ohne Fett anrösten, bis sie zu duften beginnen, mit dem Mörser etwas zerkleinern und über das Eis streuen. Zum Schluss etwas Kürbiskernöl darüber träufeln und genießen.

▶ **Variante**
Anstelle von Kürbiskernen und Kürbiskernöl können Sie das Eis auch mit frischen Früchten garnieren, wie z. B. Erdbeeren, Brombeeren, Himbeeren etc.

Wintermenü

Feldsalat mit getrockneten Tomaten, Oliven und Artischocken

Da bitten die Gäste garantiert um das Rezept!

▶ **Für 2 Personen**
🕐 **15 Min.**

Für den Salat: 100 g frischer Freiland-Feldsalat · 6 getrock-nete Tomaten · 6 Artischocken-Hälften in Lake aus dem Glas (z. B. Rapunzel) · 8 schwarze Oliven · 2 Frühlingszwiebeln
Für das Dressing: ca. ¼ TL frisch gemahlener schwarzer Pfeffer · ca. ¼ TL Meersalz · ½ TL Feigensenf (oder mittelscharfer Senf) · 1 TL Ahornsirup · 3 EL Wasser · 2 EL Balsamico-Essig · 2 EL Olivenöl · 2 EL Sojajoghurt oder Sojasahne (optional)

– Feldsalat gut waschen und trocken schleudern. Auf 2 Tellern anrichten und mit den getrockneten Tomaten, den Artischocken und den Oliven hübsch anrichten.
– Frühlingszwiebeln waschen und schräg in feine Streifen schneiden. Über den Salat geben.
– Für das Dressing alle Zutaten mit dem Zauberstab mixen und über den Salat träufeln.

Spaghetti mit schwarzem Trüffel

Den schwarzen Trüffel gibt es von Oktober bis Februar.

▶ **Für 2 Personen**
🕐 **20 Min.**

250 g Spaghettini (feine Spaghetti) · 1 kleine Knoblauchzehe · 5 EL Trüffelöl · Meersalz · frisch gemahlener schwarzer Pfeffer · etwa 20 – 25 g schwarzer Trüffel

– Spaghettini nach Packungsanleitung al dente garen, in ein Sieb schütten, kalt abschrecken und abtropfen lassen.
– Knoblauch schälen und sehr fein hacken. Trüffelöl im Nudeltopf erhitzen, Knoblauch hinzufügen und erhitzen. Aufpassen, dass er nicht verbrennt. Den Topf immer wieder von der Herdplatte abheben und den Knoblauch im Trüffelöl schwenken.
– Spaghettini hinzufügen, salzen und pfeffern und gut um-rühren, bis alle Spaghettini mit Trüffelöl bedeckt sind.
– Auf 2 Teller verteilen und mit dem Trüffel-Hobel den Trüf-fel fein über die Spaghettini hobeln. Eventuell noch etwas Trüffelöl darüber träufeln.

Bratäpfel mit Nuss-Sahne

Der Duft versetzt einen prompt in weihnachtliche Stimmung.

- Den Backofen auf 190 Grad (Ober-/Unterhitze) vorheizen.
- Für die Bratapfel-Füllung die Nüsse oder Mandeln und die Trockenfrüchte fein hacken. Orange zu Saft pressen und die Vanilleschote mit einem Messer der Länge nach aufschlitzen und das Mark herauskratzen. Alles in eine Schüssel geben und mit dem Zimt, Reismalz und Grand Marnier vermischen.
- Die Äpfel waschen und trocknen. Einen Deckel abschneiden und das Kerngehäuse großzügig mit einem Apfelausstecher herauslösen. Wenn man keinen Apfelausstecher hat, kann man das Kerngehäuse auch mit einem Messer quadratförmig einschneiden und mit einem Teelöffel ausschaben.
- Die Äpfel mit der Mischung füllen, Deckel aufsetzen und in eine gefettete Auflaufform setzen. Im Backofen etwa 35 Minuten braten.
- Für die Nuss-Sahne die Nüsse fein hacken. Von der Orange 1–2 Zesten mit einem Sparschäler abschneiden, fein hacken und die Orange zu Saft pressen. Die Vanilleschote längs halbieren und das Mark herauskratzen.
- Die Sahne mit dem Handrührgerät aufschlagen, nach kurzer Zeit das Sahne-Steif hinzufügen und die Sahne steif schlagen. Nüsse, Orangensaft, Orangenschale Vanillemark und Grand Marnier untermischen und mit den Bratäpfeln servieren. Köstlich!

▶ **Für 2 Personen**
⏲ **25 Min. + 35 Min. Backzeit**

Für die Bratäpfel:

- 30 g gehackte Walnüsse, Haselnüsse oder Mandeln
- 30 g Trockenfrüchte (z. B. Aprikosen, Pflaumen)
- ½ Orange
- ½ Vanilleschote (ersatzweise ½ Päckchen Vanillezucker)
- ½ TL Zimt
- 2 schwach gehäufte TL Reismalz (oder Zucker)
- 1,5 cl Grand Marnier
- 2 große säuerliche Äpfel (z. B. Elstar, Jonagold – bitte darauf achten, dass es Äpfel sind, die von alleine stehen bleiben)

Für die Nuss-Sahne:

- 30 g Walnüsse oder Haselnüsse
- ½ Orange
- ¼ Vanilleschote
- 100 g Sojasahne zum Aufschlagen (Fa. Natumi oder Soyatoo)
- ½ Päckchen Sahne-Steif (z. B. Fa. Arche)
- 2 cl Grand Marnier

Vegan – was sagt die Medizin dazu?

Von Dr. Ernst Walter Henrich

Die vegane Ernährung ist das Beste, was Ihrem Körper und Ihrer Gesundheit passieren kann – erfahren Sie hier, warum.

Liebe Leserinnen und Leser,

unser erstes veganes Kochbuch – für uns im Verlag war das Thema absolutes Neuland, wie sicher auch für die meisten von Ihnen. Mit **Frau Lendle** und **Herrn Dr. Henrich** konnten wir zwei Autoren gewinnen, die bestens mit dem Veganismus vertraut sind und für das Thema brennen. Frau Lendle konnten Sie bereits durch den küchenpraktischen Teil und die leckeren Rezepte ein wenig kennenlernen. Bevor nun Dr. Henrich auf die medizinischen Vorteile einer veganen Ernährung eingeht, möchten wir den beiden Autoren noch etwas auf den Zahn fühlen und sie Ihnen ein wenig näher vorstellen …

TRIAS: Dieses Buch richtet sich ja gezielt an vegane Neulinge – wie war denn das damals bei Ihnen? Wie sind Sie dazu gekommen, Veganer zu werden?

Dr. Henrich: Ethische und gesundheitliche Gründe sind bei mir ausschlaggebend gewesen. Aus meiner Sicht ist es sowohl unmoralisch, Tiere zu quälen und zu töten als auch unvernünftig, mit den tierlichen Produkten seine Gesundheit zu ruinieren.

Frau Lendle: Also ich war schon viele Jahre ein 95 %iger Vegetarier, bevor ich vegan geworden bin. 95 % heißt, ich hab mal ein Hühnchen von Demeter für rund 25 Euro gekauft oder bei Einladungen von Freunden Fisch oder Fleisch gegessen, aber in der Regel nicht. Nicht, dass es mir nicht geschmeckt hätte, aber mit meinen rheumatischen Beschwerden sollte ich Fleischprodukte meiden, und ich habe sie auch nicht vermisst. Aber ich wollte auch nie »Theater« machen, dass ich kein Fleisch esse und deshalb bei Einladungen die »Extrawurst« bin. Auch von Beilagen wird man satt.

TRIAS: Und dann wurde es irgendwann zum »logischen Schritt«, Veganer zu werden oder gab es einen konkreten Anlass?

Frau Lendle: Vegan wurde ich dann im Januar 2010, als ich aus heiterem Himmel einen stressbedingten Gichtanfall hatte. Zunächst machte ich eine Entsäuerungskur, bei der man alle tierlichen Produkte einschließlich Milch und Milchprodukten meidet. Anschließend ging ich zu einem Fastenseminar des bekannten Fastenarztes Dr. Rüdiger Dahlke. Während des Fastens dort bekam ich prompt einen Gicht-Rückfall und Dr. Dahlke riet mir zur konsequenten veganen Ernährung, wenn ich das auf Dauer in den Griff bekommen wolle. So wurde ich Veganerin und bin nicht nur gesund, sondern fühle mich auch viel besser.

TRIAS: Wie leicht oder auch schwer fiel Ihnen die Umstellung auf die vegane Ernährung?

Dr. Henrich: Es fiel mir überhaupt nicht schwer. Wenn man erst einmal herausgefunden hat, wo man alle veganen Produkte einkaufen kann, dann ist alles wie zuvor, also weder leichter noch schwerer.

Frau Lendle: Das kann ich bestätigen. Die Umstellung war sehr viel leichter als gedacht. Zuerst sagte ich: Ich kann auf alles verzichten, aber nicht auf Parmesankäse! Das war die härteste Nuss. Aber nach drei Wochen Spaghetti und Risotto ohne Parmesan schmeckten sie mir besser als mit Parmesan …

TRIAS: …also ganz neue Geschmackserlebnisse?

Frau Lendle: Absolut! Früher habe ich mir die Spaghetti oder auch das Risotto so sehr mit Parmesan zugepampt, dass alles irgendwie nur lecker nach Parmesan schmeckte. Heute dagegen genieße ich das Schmecken all der anderen Zutaten. Ich habe auch keine Gelüste nach Parmesan, selbst dann nicht, wenn mir im italienischen Restaurant jemand gegenübersitzt, der vor meinen Augen Parmesankäse verspeist. Es ist wie alles nur Gewohnheitssache. Mehr nicht.

Dr. Henrich: Auch wenn es unglaublich klingt, nach einiger Zeit verbessert sich der Geschmackssinn so weit, dass Essen zu einem noch größeren Genuss wird.

Frau Lendle: Ja! Sobald man sich in die »Welt der Veganer« begibt, hat man unzählige, vielseitigere Möglichkeiten, sich zu ernähren, als mit tierlichen Produkten. Ich habe als Nicht-Veganer lange nicht so abwechslungsreich und bunt gegessen wie heute als Veganerin.

TRIAS: Wie waren die Reaktionen in Ihrem direkten Umfeld?

Dr. Henrich: Bei unaufgeklärten Menschen, die noch in den bekannten Werbelügen der Lebensmittelindustrie gefangen sind, dass also Fleisch, Milch und Eier gesunde Nahrungsmittel seien, kann man natürlich auf großes Unverständnis stoßen. Das war aber bei mir nicht der Fall, da ich als Arzt wahrscheinlich eine gewisse Autorität in gesundheitlichen und ernährungswissenschaftlichen Fragen besitze.

Frau Lendle: Ich war ernährungstechnisch, was meine vitalstoffreiche Vollwertkost aus 100% biologischer Herstellung betrifft, eh schon immer der Sonderling in meinem Umfeld. Ich hab mich ja schon biologisch ernährt, als man manchmal nur runzlige Äpfel bekam – Hauptsache, bio! Als ich dann erwähnte, dass ich mich jetzt vegan ernähre, dann hat das bei mir keinen groß gewundert.

TRIAS: Heute gibt es selbst in Kleinstädten Bioläden, auch Supermärkte sind teilweise gut sortiert. Und das Image des Veganers hat sich deutlich gewandelt – Herr Dr. Henrich, Sie sind seit beinahe zwei Jahrzehnten Veganer. Wie war das damals?

Dr. Henrich: In meiner Anfangszeit hatte der Veganer fast gar kein Image, weil die meisten überhaupt nicht wussten, was vegan ist.

Frau Lendle: Heute dagegen ist sich vegan zu ernähren doch absolut kein Problem mehr. Das Angebot ist meines Erachtens riesig, insbesondere in den vielen Bioläden, Onlineshops und Reformhäusern, die es heute an jeder Ecke gibt. Aber auch Rewe, Aldi, Lidl, Penny etc. haben angeblich ein vielseitiges veganes Angebot.

Dr. Henrich: Das stimmt. Inzwischen sind Biomärkte gut ausgestattet und es gibt sogar schon drei rein vegane Supermärkte in Deutschland. Im Internet ist das Angebot von veganen Nahrungsmitteln riesig.

TRIAS: Wie haben Ihre Medizinerkollegen reagiert? War es damals bzw. ist es auch heute noch eher ungewöhnlich, als Arzt Veganer zu sein?

Dr. Henrich: Die meisten Kollegen, mit denen ich gesprochen habe, halten die vegane Ernährung für gesund. Sie haben sich aber nie weiter damit beschäftigt, weil Prävention für sie keine Rolle spielt. Der moderne Mediziner ist darauf getrimmt, Krankheiten mit Pillen und Operationen zu behandeln, aber nicht, Krankheiten durch gesunde Ernährung vorzubeugen.

TRIAS: Ihr Engagement für den Veganismus reicht ja weit über die bloße Ernährung hinaus – was können Sie uns darüber erzählen?

Dr. Henrich: Wie vorher bereits geschildert hat der Veganismus nicht nur eine gesundheitliche, sondern auch eine ethische Komponente. Und diese ist mir auch sehr wichtig. Deshalb arbeite ich natürlich auch gerne mit Organisationen zusammen, die sich für die Rechte der Tiere engagieren. So helfe ich zum Beispiel Peta in der medizinischen Argumentation.

Frau Lendle: Wenn ich früher im Fernsehen sah, wie die Tiere in der Massentierzuchthaltung gequält werden, dann habe ich aus Entsetzen weggeschaltet und mir gedacht: »Gott sei Dank esse ich so etwas nicht!« – und wenn doch, dann nur aus biologischer Haltung. Deshalb muss ich mir das auch nicht anschauen. Mich betrifft das nicht!

TRIAS: Und heute sehen Sie es bestimmt noch einmal aus einem anderen Blickwinkel?

Frau Lendle: Ja, heute als Veganerin schaue ich mir diese Filme bewusst an, um die Informationen zu erhalten und weitergeben zu können. Ich engagiere mich seither aktiv im Kampf gegen die Massentierzuchthaltung und für den Tierschutz im Allgemeinen – sei es, dass ich helfe aufzuklären oder Petitionen zeichne, insbesondere auch in Facebook, weil man da viele Menschen erreicht und auch Gleichgesinnte findet.

TRIAS: Herr Dr. Henrich, auch Ihr Hund Felix ist ja ebenfalls Veganer – wie kam es dazu?

Dr. Henrich: Wenn es gesundheitliche und ethische Gründe für mich gibt, vegan zu leben, dann gibt es diese Gründe natürlich auch bei meinem Hund. Es wäre doch schizophren, wenn ich sagen würde, dass es ethisch nicht in Ordnung sei, meinetwegen Tiere zu quälen und zu töten, gleichzeitig dies aber für meinen Hund gerechtfertigt sei.

TRIAS: Und inzwischen ist Felix fast 19 Jahre alt und erfreut sich bester Gesundheit …

Dr. Henrich: Richtig. Es ist bekannt, dass die gesundheitlichen Vorteile einer richtig durchgeführten veganen Ernährung auch für Hunde gelten, weil sie bei einer veganen Ernährung gesünder sind und länger leben.

TRIAS: Der Veganismus reicht ja über die bloße Ernährung hinaus – Wie halten Sie es zum Beispiel mit Kleidung oder auch Autos, bei denen ja oft Leder eingesetzt wird?

Frau Lendle: Ich weiß, dass Dr. Henrich sich vegan kleidet, vegan wohnt und auch keine Ledersitze im Auto hat, also ein »veganes Auto« fährt.

Dr. Henrich: Richtig. Konsequenz war mir immer wichtig im Leben. Daher auch beim Veganismus.

Frau Lendle: Meine nicht-veganen Klamotten und Schuhe, die ich bereits vor meiner Umstellung auf die vegane Ernährung gekauft habe, trage ich auf. Ich werfe auch nicht meine Lederstühle auf den Sperrmüll, denn damit würde ich ja auch kein Tier mehr retten. Aber ich kaufe mir möglichst nichts Nichtveganes mehr dazu. Ich würde mir allerdings wünschen, dass es mehr vegane Schuh- und Kleidungshersteller auf dem Markt gäbe, die auch vegane Schuhe und Kleider herstellen, mit denen ich mich nach meinem persönlichen Stil kleiden kann. Das ist momentan noch etwas schwierig.

Nachdem Sie nun einen kleinen Einblick in das Leben und Denken unserer Autoren erhalten haben, erfahren Sie auf den nächsten Seiten Wissenswertes und Spannendes aus der Medizin. Dr. Henrich wird auf die Vorurteile eingehen, mit denen Veganer leider immer noch häufig konfrontiert werden, und eindrucksvolle Ergebnisse aus der Ernährungsforschung präsentieren.

Die medizinische und ernährungswissenschaftliche Sicht

Von Dr. Ernst Walter Henrich

Die Vorteile einer veganen Ernährung und die Motive für diese Ernährungsform sind sehr vielfältig. »Vegan« bezeichnet den vollständigen Verzicht auf tierliche Substanzen. Eine vegane Ernährung besteht also nur aus pflanzlichen Nahrungsmitteln. Fleisch, Milch, Milchprodukte, Eier, Honig und Fisch sind nicht enthalten.

Mittlerweile kann bei Betrachtung aller relevanten wissenschaftlichen Fakten kein vernünftiger Zweifel daran bestehen, dass die vegane Ernährung mit Abstand die gesündeste Ernährungsform ist, die zudem die Umwelt schont und die klimafreundlichste Lebensweise ist. Sie hilft, den Hunger in der Welt zu bekämpfen und stellt die beste Form zur Verwirklichung von echtem Tierschutz dar. Damit die vegane Ernährung auch tatsächlich die gesündeste ist, müssen nur einige wenige Punkte beachtet werden:

1. Die vegane Ernährung sollte so abwechslungsreich und so vielfältig wie möglich zusammengestellt sein.
2. Eine ausreichende Zufuhr von Vitamin B_{12} ist zu beachten (siehe Seite 143).
3. Auf raffinierten Zucker (in allen zusätzlich gezuckerten Speisen und Getränken) sollte weitestgehend verzichtet und komplexe Kohlenhydrate (Vollkornprodukte, unverarbeitetes Getreide, frische Früchte und Gemüse) bevorzugt werden.

Studien belegen es: Vegan tut gut!

Analysiert man die wissenschaftlichen Studien der seriösen Ernährungsforschung, so ist die vegane Ernährung eindeutig und ohne jeglichen Zweifel die gesündeste. Erstaunlicherweise steht dies im krassen Gegensatz zu den Vorstellungen und Meinungen in der Bevölkerung. Sogar Ärzte, Ernährungsinstitute, Wissenschaftler und Behörden stehen der veganen Ernährung teilweise skeptisch bis ablehnend gegenüber. Doch ich kann Sie beruhigen: Schaut man sich die wissenschaftlichen Fakten an, dann erkennt man nicht nur als Arzt und Ernährungsexperte sofort, dass nicht die vegane Ernährung extrem ist, sondern dass es vielmehr extrem ist, sich nicht vegan zu ernähren.

Gerade die wissenschaftlichen Ernährungsstudien von Professor Dr. T. Colin Campbell von der amerikanischen Cornell-Universität, einem der renommiertesten Ernährungswissenschaftler weltweit, aber auch hunderte weiterer Forschungsarbeiten erstklassiger Wissenschaftler, konnten die extremen Gefahren und Schädigungen der Gesundheit durch Fleisch, Milch, Milchprodukte, Fisch und Eier in einer überwältigenden Klarheit belegen. Es kann kein vernünftiger Zweifel daran bestehen, dass eine abwechslungsreiche pflanzliche Ernährung am gesündesten ist. Die wissenschaftlichen Belege dafür sind erdrückend, ja überwältigend. Professor Campbell hat dies in seinem Buch »China Study« auch für ernährungswissenschaftliche Laien verständlich dargestellt.

Der Name »China Study« weist darauf hin, dass seine längsten und wichtigsten Studien in China durchgeführt wurden, also dort, wo je nach Gebiet deutliche Unterschiede in der Ernährungsweise festgestellt werden können. Ideale Verhältnisse also für epidemiologische Forschungen zur Beurteilung der Auswirkung verschiedener Ernährungsweisen. Professor Campbell konnte diese jahrelangen aufwändigen und zugleich wegweisenden Studien mithilfe staatlicher Forschungsgelder aus den USA und China durchführen.

Die wissenschaftlichen Untersuchungen zeigen, dass insbesondere tierische

WISSEN

Aufstrebende Nationen ziehen nach

Epidemiologische Studien konnten zweifelsfrei nachweisen, dass sich in den aufstrebenden Wirtschaftsnationen wie z. B. China gerade in städtischen Gebieten die Erkrankungsmuster immer mehr denen der Industrienationen annähern, weil dort immer mehr Tierprodukte gegessen werden.

Nahrungsmittel wie Milch, Milchprodukte und Fleisch für die häufigsten und schlimmsten Erkrankungen verantwortlich sind, die die Menschheit heimsuchen. Dazu zählen Krebserkrankungen nahezu aller Organe, Bluthochdruck, Arteriosklerose (Verstopfungen der Blutgefäße des gesamten Körpers), Herzerkrankungen (wie z. B. Herzinfarkt, Angina Pectoris), Diabetes, Adipositas (Übergewicht bis Fettsucht mit allen Folgeerkrankungen), Alzheimer und andere Formen der Demenz, Schlaganfälle, Nierensteine, Knochenerkrankungen (wie Osteoporose und Neigung zu Knochenbrüchen), einige Augenerkrankungen (die bis zur Erblindung führen) und Autoimmunerkrankungen (wie Multiple Sklerose und der Typ-1-Diabetes bei Kindern).

Die medizinischen Wissenschaften entwickeln immer aufwändigere und teurere Verfahren für Diagnostik und Therapie. Der Markt der pharmazeutischen Pillen ist selbst für Ärzte unüberschaubar geworden. Trotzdem werden die Menschen in den westlichen Ländern mit ihrer auf Fleisch, Milch und anderen Tierprodukten basierenden Ernährung nicht gesünder. Ganz im Gegenteil erkranken sie mehr denn

je an den oben genannten Erkrankungen.

Mit modernsten Geräten, medikamentösen und chirurgischen Maßnahmen bekämpft die moderne Medizin so gut wie immer nur die Symptome, aber nicht die Ursachen dieser sogenannten Zivilisationskrankheiten bzw. Überflusserkrankungen. Dadurch wird in der Regel das Leben der schwer kranken und leidenden Menschen verlängert. Die Behandlung von Symptomen (und nicht der Ursachen) und als Folge davon eine Verlängerung des Leids von schwer kranken Menschen ist eine Domäne der modernen Medizin geworden. Wäre es aber nicht besser, ja ethisch sogar zwingend notwendig, durch eine gesunde Ernährung präventiv tätig zu werden, damit diese Leiden erst gar nicht entstehen? Wäre eine hohe Lebensqualität bis ins hohe Alter nicht erstrebenswerter als mit den genannten Überflusserkrankungen unter großen Leiden und oft mit Alzheimer die letzten Lebensjahre dahinzusiechen? Sollten nicht alle Menschen ein Recht auf wahre und unverfälschte Informationen über den Zusammenhang von Ernährung und Krankheiten haben, damit sie aufgrund von guten Informationen auch gute Entscheidungen für sich und ihre Familien treffen können? Sollten nicht auch Ärzte, Politiker, staatliche Organisationen, Ernährungsorganisationen, Pharmaindustrie und Lebensmittelindustrie der Gesundheit der Menschen einen höheren Stellenwert einräumen als den Profiten?

... aber offiziell wird es vertuscht!

Leider sind zu viele Menschen von Natur aus keine Altruisten, sondern mehr an den eigenen Profiten und Vorteilen als an der Gesundheit der Mitmenschen interessiert. Der ganze Medizinbetrieb lebt von kranken Menschen. Gesunde Menschen brauchen keine medizinischen Behandlungen, keine teuren invasiven Eingriffe bis hin zu Operationen und keine Tabletten. Wenn dies alles wegfällt, dann verlieren Ärzte, Krankenhäuser, Pharmakonzerne und medizinische Apparatehersteller gigantische Einnahmen. Die Hersteller von Tierprodukten verlieren ebenfalls unermessliche hohe Profite. Glauben Sie, dass diese Profiteure des Status quo (mit einer auf tierlichen Produkten basierenden Ernährung) ihre gigantischen Profite freiwillig aufgeben, nur weil es um die Gesundheit von Kindern und Erwachsenen geht?

▶ **Lassen Sie sich nicht vom Gerede Anderer verunsichern: Die Studien sprechen eine klare Sprache pro vegan! Denn es geht um Ihre Gesundheit!**

Scheinbar unabhängige Ernährungsorganisationen überall auf der Welt, die offizielle Ernährungsempfehlungen für die Bevölkerung herausgeben, werden in erheblichem Umfang von der Fleisch-, Milch- und Eierindustrie finanziert und damit von ihnen beherrscht. Viele Wissenschaftler in scheinbar unabhängigen Ernährungsorganisationen erhalten hoch dotierte Beraterverträge von der Fleisch-, Milch- und Eierindustrie. Glauben Sie ernsthaft, dass diese Organisationen und deren Wissenschaftler Empfehlungen gegen die Produkte der Firmen aussprechen, von denen sie finanziert werden? Auch in der Politik sind die Lobbyisten der Tierindustrie mehr als erfolgreich tätig. Gigantische Subventionen gehen deshalb weltweit in die Tierindustrie. Alleine die EU gibt jährlich mehr als 50 Milliarden Euro (in blanken Ziffern: € 50 000 000 000) für die Subventionen der Agrarindustrie aus, der Großteil davon fließt in die Tierindustrie.

In den staatlichen Gremien, die offizielle Ernährungsempfehlungen aussprechen, sitzen Vertreter der Tierindustrie. Nicht nur in den USA, sondern überall auf der Welt, auch in Europa. Ein Beispiel aus der Schweiz: Bis vor kurzem saß die Marketingleiterin der Fleischindustrie in der Eidgenössischen Ernährungskommission, die als oberste Instanz für offizielle Ernährungsempfehlungen in der Schweiz gilt und die Schweizer Regierung berät. Da kommt man aus dem Staunen nicht heraus: Die Dame war als Marketingleiterin der Fleischindustrie dafür zuständig, den Fleischabsatz zu fördern. Glauben Sie wirklich, dass sich diese Dame gegen ungesundes Fleisch in der Ernährung aussprechen und gegen die Interessen ihres Arbeitgebers handeln würde?

Und so sitzen weltweit in den Ernährungsgremien Lobbyisten, Ernährungswissenschaftler und Ärzte, PR- und Marketingfachleute, die von der Fleisch-, Milch- und Eierindustrie finanziert werden. Und genau diese Personen sind in den Gremien, die offizielle Ernährungsempfehlungen für die Bevölkerung ausarbeiten. Glauben Sie, dass alle diese Leute den Ast absägen, auf dem sie so komfortabel sitzen? Nach diesen Empfehlungen gelten Fleisch, Milch, Milchprodukte und Eier als Bestandteile einer angeblich »ausgewogenen Ernährung«. Nur macht uns diese angeblich »ausgewogene Ernährung« mit Tierprodukten schwer krank und lässt uns früher als nötig sterben. Die wissenschaftlichen Belege dafür sind erdrückend.

Professor Dr. T. Colin Campbell fasste die geschilderte Situation in seinem Buch wie folgt zusammen: »Wir wissen enorm viel über die Verbindung zwischen Ernährung und Gesundheit. Aber die wahre Wissenschaft wird unter einem Wirrwarr von unsachlichen oder sogar gesundheitsgefährdenden Informationen begraben – verursacht durch Pseudowissenschaft, Modediäten und Propaganda der Nahrungsmittelindustrie.«

Die Bestandteile unserer Lebensmittel

Im Nachfolgenden bespreche ich einige Besonderheiten und Vorurteile im Zusammenhang mit einer veganen Ernährung. Ebenso gehe ich auf einige spezielle, schwerwiegende Erkrankungen ein, deren Ursachen wie auch deren Verhütung eindeutig von der Ernährung abhängig sind.

Doch lassen Sie uns zunächst einmal einen genauen Blick auf unsere Lebensmittel werfen. Was steckt denn eigentlich in dem, was wir den lieben langen Tag in fester oder flüssiger Form zu uns nehmen? Was davon brauchen wir wirklich, worauf können wir verzichten?

Eiweiß

Die Vorstellungen über die Bedeutung von Eiweiß in der Bevölkerung sind durch die Falschinformationen der Tierindustrie und ihrer Helfer total konfus und meistens völlig falsch. Deshalb haben viele Menschen die irrationale Angst, nicht genügend Eiweiß zu erhalten. Das Problem unserer typischen westlichen Ernährung ist aber nicht etwa ein Mangel, sondern ein Zuviel an tierlichem Eiweiß. Obwohl in weiten Bevölkerungskreisen die Aufnahme von viel Eiweiß sogar als gesund gilt, haben die wissenschaftlichen Untersuchungen längst das genaue Gegenteil belegt.

WISSEN

Eiweiß – viel schlechter als sein Ruf!

Tierliches Eiweiß ist wie kein anderer Bestandteil der Ernährung für die verheerenden gesundheitlichen Folgen der westlichen Ernährung verantwortlich.

So konnte nachgewiesen werden, dass schon ein geringer Überschuss an tierlichem Eiweiß schlimme gesundheitliche Schäden verursachen, Krebs und andere schwerwiegende Erkrankungen auslösen kann. Dies gilt insbesondere für Eiweiß aus Milch, Milchprodukten und allen Fleischarten. Professor Campbell und seine Kollegen konnten sogar nachweisen, dass dies auch für die Ernährung von Tieren gilt. Deshalb ist es auch kein Wunder, dass im Allgemeinen auch vegan ernährte Hunde gesünder sind und länger leben. Mein vegan ernährter Hund Felix ist bei der Niederschrift dieses Textes 19 Jahre alt.

Hoher Konsum von tierlichem Eiweiß ist auch eine maßgebliche Ursache für die schweren Erkrankungen an Herz, Nieren, Gehirn und anderen Organen. Ändert sich die Ernährungsweise in einer Bevölkerungsgruppe hin zu einer mehr auf Tierprodukte basierenden Ernährung mit einem hohen Eiweißanteil, so steigen die Erkrankungsraten bei Krebs, Diabetes, Bluthochdruck, Demenz, Alzheimer, Adipositas usw. deutlich an. Dagegen kann eine abwechslungsreiche und vollwertige pflanzliche Ernährung den Verlauf dieser Erkrankungen verlangsamen, stoppen und sogar rückgängig machen. Was aber besonders wichtig ist: Eine vegane Ernährung stellt die beste Verhinderung dieser Erkrankungen dar.

Milch und Milchprodukte gelten nach wie vor in weiten Bevölkerungskreisen als gesund. Die Webseite des deutschen Verbraucherschutzministeriums macht sogar direkt Werbung für Milch und Milchprodukte. Dort werden sie als gesund angepriesen, obwohl das Gegenteil der Wahrheit entspricht! Ein unglaublicher Vorgang, gehören doch Milch und Milchprodukte aufgrund der erdrückenden wissenschaftlichen Belege zu den gesundheitsschädlichsten Nahrungsmitteln überhaupt. Die in Milch und Milchprodukten enthaltenen Hormone und Eiweiße können die Entstehung und das Wachstum von Krebs fördern. Insbesondere die häufigsten Krebsarten (bei der Frau Brustkrebs, beim Mann Prostatakrebs) stehen klar in Verbindung zum Milchkonsum. Aber auch Diabetes (sowohl der Erwachsenendiabetes vom Typ II als auch der kindliche Diabetes vom Typ I), Knochenerkrankungen wie Osteoporose, Alzheimer und andere Demenzformen im fortgeschrittenen Alter, Herzerkrankungen, Bluthochdruck, aber auch Autoimmunerkrankungen wie Multiple Sklerose konnten dem Milchkonsum und dem Verzehr von tierlichem Eiweiß zugeordnet werden.

Wussten Sie, dass etwa 90 % aller Giftstoffe in der Ernährung aus Milch, Milchprodukten und Fisch kommen? Professor Campbell und andere Forscher fanden sogar heraus, dass krebsauslösende Toxine wie zum Beispiel Dioxine oder Schimmelpilze (Aflatoxine) tatsächlich nur dann Krebs auslösen, wenn mit der Nahrung tierliches Eiweiß (mehr als 12 % der Gesamtnahrungsenergie) aufgenommen wird. Dies ist eine unglaublich wichtige Entdeckung und wir sollten sie deshalb auf keinen Fall überlesen, sondern sie uns in aller Deutlichkeit bewusst machen: Viele krebsauslösende Substanzen (Karzinogene) wirken nur dann krebsauslösend, wenn gleichzeitig bereits relativ geringe Mengen an tierlichem Eiweiß mit der Nahrung aufgenommen werden.

Wichtig ist, dass dies nicht für pflanzliches Protein gilt! Denn in pflanzlichem Protein sind die Aminosäuren anders zusammengesetzt. Von pflanzlichem Protein können Sie nach den heutigen wissenschaftlichen Erkenntnissen so viel essen, wie Sie möchten, ohne gesundheitliche Nachteile befürchten zu müssen. Eine abwechslungsreiche vegane Ernährung mit z. B. Hülsenfrüchten enthält sogar eine optimale Menge an Eiweiß für die Gesunderhaltung Ihres Körpers.

Kohlenhydrate

Eine gesunde und abwechslungsreiche vegane Kost liefert besonders viele gesunde komplexe Kohlenhydrate aus

141

Vollkornprodukten, frischen Früchten, frischem Gemüse und natürlich auch jede Menge Ballaststoffe. Dies ist gut für einen gesunden Zuckerstoffwechsel, zur Vorbeugung von Diabetes, gegen Übergewicht und für einen gesunden Stuhlgang.

Dagegen sind sogenannte Low-carb-Diäten, also Extremdiäten mit wenig Kohlenhydraten und viel Eiweiß und Fett, extrem gesundheitsschädlich. Bekanntes Beispiel einer solchen Extremdiät ist die sogenannte »Atkins-Diät«, mit einer Betonung von Fleisch-, Milchprodukten, Eiern und tierischem Fett. Zusätzlich verdiente Atkins noch ein Vermögen mit Nahrungsergänzungsmitteln, die er den Anhängern seiner Atkins-Diät zur Gesunderhaltung empfahl. Atkins selbst starb als fettleibiger Mann mit Herzerkrankung und Bluthochdruck vor einigen Jahren, obwohl er seinen Kunden in seinen Diätbüchern und mit seinen Nahrungsergänzungsmitteln Gewichtsabnahme und optimale Gesundheit versprochen hatte.

Es ist immer wieder erstaunlich, wie sich Menschen durch vermeintliche Diätgurus um ihre Gesundheit und ihr Geld bringen lassen. Denn es gibt keine nachhaltige und gesunde Diät zur Gewichtsabnahme, zur Förderung der Gesundheit oder zur Prävention bestimmter Erkrankungen. Es gibt nur eine gute gesunde Ernährung, mit der sich das persönliche Idealgewicht erzielen lässt, die die bestmögliche Krankheitsvorbeugung gewährleistet, mit der sich die beste körperliche und

geistige Leistungsfähigkeit einstellt, die vorzüglich schmeckt und mit der man sich nach Lust und Laune satt essen kann: Dies ist eine vollwertige abwechslungsreiche vegane Ernährung.

Raffinierte Kohlenhydrate und alle Nahrungsmittel mit zugesetztem Zucker wie Süßigkeiten, süßes Gebäck, Limonaden und Cola-Getränke sollten möglichst gemieden werden. Denn sie sorgen für eine erhebliche Belastung des Zuckerstoffwechsels und tragen zu Übergewicht mit all seinen Folgeerkrankungen bei. Bitte beachten Sie auch Folgendes: Bei einem zu hohen Konsum von Lebensmitteln mit raffiniertem Zucker kann auch eine vegane Ernährung nicht mehr gesund sein. Übergewichtige Veganer sind eine denkbar schlechte Werbung für eine gesunde Ernährung.

Fette

Gerade Tierprodukte sind besonders fetthaltig und enthalten dazu noch besonders die ernährungsphysiologisch eher ungünstigen gesättigten Fette. Dies gilt gerade für Fleisch-, Eier- und Milchprodukte. Nur Tierprodukte enthalten übrigens Cholesterin, rein pflanzliche Lebensmittel sind frei davon. Studien zeigen einen eindeutigen Zusammenhang zwischen der Höhe des Blutcholesterinspiegels und der Häufigkeit von koronaren Herzerkrankungen und, was überraschen mag, von Krebserkrankungen. Die Höhe des Blutcholesterinspiegels wiederum ist in erster Linie von der Aufnahme tierischer Nahrungsmittel und tierischer

Proteine abhängig und etwas weniger stark von der Aufnahme gesättigter Fette und des Nahrungscholesterins.

Ernährungsphysiologisch wertvoll sind gerade die mehrfach ungesättigten Fette, die fast ausschließlich in Pflanzen, Pflanzenölen und Fisch enthalten sind. Sie haben Vitamineigenschaften und werden deshalb manchmal auch Vitamin F genannt. Der Körper kann sie selbst nicht herstellen. Deshalb müssen sie mit der Nahrung aufgenommen werden. Bekannt sind die sogenannten Omega-3-Fettsäuren und die Omega-6-Fettsäuren. Sie sind wichtig für die Bildung von Gewebshormonen, die verschiedene wichtige Funktionen im Stoffwechsel haben, wie z. B. die Regulierung der Entzündungsaktivitäten im Körper. Da sowohl Veganer als auch Nicht-Veganer im Allgemeinen zu viel Omega-6-Fettäuren und im Verhältnis dazu zu wenig Omega-3-Fettsäuren zu sich nehmen, sollten Speiseöle mit einer hohen Konzentration von Omega-3-Fettsäuren bevorzugt werden. Öle mit einem besonders hohen Gehalt an Omega-3-Fettsäuren sind Rapsöl und insbesondere Leinöl mit einem Anteil von über 50%.

Natürlich könnte man die Omega-3-Fettsäuren auch über fetten Fisch aufnehmen. Allerdings hat dies erhebliche gesundheitliche Nachteile. Auch Fisch ist entgegen seinem Ruf alles andere als gesund. Zum einen sind in Fisch sehr hohe Konzentrationen von entzündungsfördernden Faktoren enthalten, die den positiven Effekt der Omega-3-Fettsäuren wieder zunichtemachen.

Gerade der fette Fisch, in dem sich die Omega-3-Fettsäuren befinden, enthält in einem erschreckenden Ausmaß Quecksilber und andere Umweltgifte, die unsere Gesundheit erheblich schädigen. Mehrere spanische Universitäten haben Untersuchungen an Kindern durchgeführt und festgestellt, dass die Kinder, die am meisten Fisch verzehrten, Störungen des Nervensystems und ihrer kognitiven Gehirnleistungen aufwiesen, sodass sie in ihren schulischen Lernleistungen deutlich beeinträchtigt waren. Auch schwangeren Frauen wird nicht ohne Grund vom Fischverzehr abgeraten!

Vitamine

Eine abwechslungsreiche vegane Ernährung stellt die Versorgung mit allen Vitaminen sicher – mit einer Ausnahme. Da Vitamin B_{12} von Bakterien gebildet wird und daher besonders in leicht verderblichen Tierprodukten enthalten ist, rate ich dringend zu einer zusätzlichen Einnahme von Vitamin B_{12} als Nahrungsergänzung und durch angereicherte Nahrungsmittel wie z. B. einige Sorten Sojamilch. Wenn Gemüse auf guten, gesunden Ackerböden mit einer gesunden Bakterienflora wächst und das Gemüse nicht oder wenig abgewaschen wird, kann dies nach einigen Untersuchungen für eine Versorgung mit Vitamin B_{12} ausreichen. Ich rate aber ausdrücklich davon ab, sich auf diese Quelle zu verlassen. Bei unserer heutigen Hygiene und den oft schlechten, ausgelaugten Ackerböden ist dies wahrscheinlich nicht gewähr-

leistet, sodass ich die einfache und mühelose Substitution von Vitamin B_{12} mit einem Nahrungsergänzungsmittel ausdrücklich empfehle. Als Alternative kommt noch eine regelmäßige Untersuchung des Vitamin-B_{12}-Spiegels im Blut infrage.

Genauso wichtig ist es zu betonen, dass es töricht wäre, wegen des Vitamins B_{12} auf Fleisch oder Milch zurückzugreifen. Denn was nutzt einem Vitamin B_{12} aus Tierprodukten, das über eine Nahrungsergänzung oder angereicherte Nahrungsmittel ganz einfach zuzuführen ist, wenn ich meine Gesundheit durch Tierprodukte ruiniere? Genauso töricht wäre es, giftige Pilze zu essen, nur weil diese auch gesunde Vitamine und Mineralien enthalten.

Vitamin D wird normalerweise durch regelmäßige Sonnenbestrahlung in der Haut gebildet. In den Wintermonaten kann in nördlichen Breiten gerade bei dunkelhäutigen Personen eine vegane Vitamin-D-Nahrungsergänzung sinnvoll sein. Meine Empfehlung: Stérogyl aus der Apotheke (ist leider so gut wie nie vorrätig). Aktives Vitamin D bietet wichtigen Schutz gegen Krebserkrankungen, Osteoporose, Autoimmunerkrankungen und viele andere Krankheiten. Wichtig zu wissen ist, dass sowohl Tierprotein als auch große Mengen Kalzium die Produktion von aktivem Vitamin D im Organismus unterdrücken, sodass dann die schützenden Funktionen von Vitamin D fehlen. Milch und Milchprodukte enthalten sowohl große Mengen an Tierprotein als auch an Kalzium.

Mineralstoffe und Spurenelemente

Alle Mineralstoffe und Spurenelemente, die Sie für einen optimalen Gesundheitsstatus benötigen, liefert Ihnen eine abwechslungsreiche vegane Ernährung. An dieser Stelle möchte ich auf die Märchen der Tierindustrie und ihrer Helfer eingehen, die diese für Eisen und Kalzium propagieren. Von der Milchindustrie und ihren Helfern wird das Kalzium der Milch als wichtig für die Knochengesundheit empfohlen. Eine dreiste Lüge! Längst steht fest, dass tierliches Eiweiß aus Fleisch und Milch die Wahrscheinlichkeit für Osteoporose und für Knochenbrüche ansteigen lässt. Tierliches Protein übersäuert durch seine sauren Aminosäuren den Organismus, dadurch löst sich Kalzium aus den Knochen, das dann über die Nieren ausgeschieden wird.

Die Milch enthält zwar viel Kalzium, welches aber durch die relativ niedrige Bioverfügbarkeit schlecht vom Körper aufgenommen werden kann. Die Bioverfügbarkeit ist eine Art Messgröße, die angibt, wie viele Nährstoffe eines Lebensmittels tatsächlich vom Körper aufgenommen werden können. Im Vergleich dazu ist die Bioverfügbarkeit von Kalzium in vielen Gemüsesorten (z. B. Brokkoli) etwa doppelt so hoch. Dies alles ist seit Jahren bekannt. Trotzdem werden den Menschen immer noch Milch und Milchprodukte für angeblich gesunde Knochen empfohlen, obwohl durch diese Empfehlung genau das Gegenteil erreicht wird. Zusätzlich werden viele andere schwerste Erkran-

◄ Milch und Milchprodukte schaden Ihrer Gesundheit!

Nahrungsergänzungsmittel

Bei veganer Ernährung brauchen Sie nur Vitamin B_{12} und eventuell in den Wintermonaten Vitamin D als Nahrungsergänzung. Sonst nützen Ihnen Nahrungsergänzungsmittel gar nichts. Eher noch besteht die Gefahr, dass sie Ihnen schaden. Denn eine hohe Dosierung einzelner Vitamine und Mineralstoffe kann erhebliche gesundheitliche Schäden verursachen.

Vitamine und Mineralstoffe haben als einzelne hoch dosierte Substanzen keinerlei Vorteile für Ihre Gesundheit, weil sie in vollwertigen Nahrungsmitteln im Verbund mit Hunderten oder Tausenden anderer Stoffe wirken, aber ohne diese Verbindung zu den anderen Substanzen keine positive gesundheitliche Wirkung entfalten. Nur vollwertige pflanzliche Nahrungsmittel mit dem komplexen Zusammenwirken aller dieser gesundheitlich wertvollen Substanzen gewährleisten einen optimalen Effekt für Ihre Gesundheit.

Glauben Sie nicht die Märchen, dass eine ungesunde Ernährung, die auf Tierprodukten basiert, mit Nahrungsergänzungsmitteln gesünder wird. Dies nutzt nur den Profiten der Tierindustrie und den Herstellern der Nahrungsergänzungsmittel. Nicht aber Ihrer Gesundheit! Eine abwechslungsreiche vegane Ernährung ist die beste Prävention von schwerwiegenden chronischen Erkrankungen.

kungen durch diese unverfrorene Empfehlung gefördert. Auch die WHO (Weltgesundheitsorganisation) ist längst davon abgekommen, Milch für die Knochengesundheit zu empfehlen. Denn weltweite epidemiologische Studien haben eindeutig nachgewiesen, dass in den Ländern mit dem höchsten Milchkonsum die Osteoporose-Raten am höchsten und in den Ländern mit dem niedrigsten Milchkonsum am niedrigsten sind. Entsprächen aber die Aussagen der Milchindustrie und ihrer Helfer der Wahrheit, wäre es genau umgekehrt.

Die Versorgung mit Eisen ist bei einer veganen Ernährung bestens gewährleistet. Veganer oder Vegetarier sind nicht öfters von einem Eisenmangel betroffen als Fleischesser. Von einem

Eisenmangel sind besonders Personen mit hohen Eisenverlusten betroffen, wie sie durch die Menstruation oder andere Blutverluste auftreten. Eine Reihe von Untersuchungen hat zudem ergeben, dass gerade eine hohe Zufuhr von Hämeisen (Eisen, welches an den roten Blutfarbstoff gebunden und im Fleisch enthalten ist) mit erheblichen gesundheitlichen Risiken verbunden ist. Dagegen kann durch eine gesunde pflanzliche Ernährung niemals eine Überladung des Organismus mit Eisen erfolgen. Für Menschen mit einem niedrigen Eisenspiegel ist es sinnvoll, bei den Mahlzeiten die Eisenresorption mit Vitamin-C-haltigen Getränken wie Fruchtsäften zu steigern. Bei hohen chronischen Blutverlusten ist es natürlich sinnvoll, die Ursachen zu bekämpfen und Eisen zu substituieren.

Ernährung und Krankheiten

Eingangs habe ich ja bereits angedeutet, dass eine Vielzahl von Krankheiten in Zusammenhang steht mit einer falschen, auf tierlichen Fetten und Eiweißen basierenden Ernährung. Hier möchte ich noch einmal im Einzelnen auf diese Krankheiten eingehen.

Krebs

Eine große Anzahl wissenschaftlicher Untersuchungen konnte den Zusammenhang zwischen der Aufnahme von tierlichem Eiweiß und einer Vielzahl von Krebserkrankungen aufzeigen. Dies gilt sowohl für die Ernährung des Menschen als auch für die Ernährung untersuchter Tierarten. Dieser Zusammenhang konnte sowohl experimentell als auch epidemiologisch zweifelsfrei erbracht werden. Wohlgemerkt geht es nicht um sehr große Mengen an Protein, sondern um Mengen, die der Durchschnittsbürger aufnimmt. Schon kleine Steigerungen in der Aufnahme von tierlichem Eiweiß hatten in den wissenschaftlichen Untersuchungen dramatische Anstiege in der Entstehung und Ausbreitung von Krebs zur Folge.

Tierliches Eiweiß steigert nicht nur die Entstehung von Krebszellen, sondern fördert sogar das Wachstum bestehender Krebsgeschwülste. Besonders beeindruckend ist die Entdeckung, dass eine Reihe der häufigsten und gefährlichsten Karzinogene (Krebsauslöser),

die wir als Toxine in Umwelt und Nahrungsmitteln finden, nur dann Krebs auslösen, wenn über die Nahrung schon relativ kleine Mengen an tierlichem Eiweiß aufgenommen werden. Wichtig zu wissen ist, dass pflanzliches Protein diese negativen Eigenschaften nicht hat.

Die in Tierprodukten, insbesondere in der Milch, enthaltenen Sexual- und Wachstumshormone werden sowohl im Zusammenhang mit der Krebsentstehung als auch als Wachstumsförderer bösartiger Tumore als äußerst negativ angesehen. Hierbei geht es nicht um legal oder illegal in der Mast verabreichte Hormone. Vielmehr geht es um die ganz normalen Hormone, die sich natürlicherweise in Tierprodukten befinden – ja, auch in denen von Biotieren! Für die Entstehung von Krebs und für Ihre Gesundheit insgesamt ist es so gut wie unerheblich, ob bei Tierprodukten Bioware oder konventionelle Massentierhaltungsware gewählt wird. Zwar geht es den Biotieren in der Haltung oft etwas besser als den lebenslang gequälten Tieren aus Intensivhaltung, bei der Schlachtung sind aber auch die Biotiere den grausamen Tierquälereien ausgeliefert.

Insgesamt zeigen die wissenschaftlichen Fakten, dass Nährstoffe aus tierlichen Nahrungsmitteln Krebs verursachen und das Krebswachstum steigern können. Nährstoffe aus pflanzlichen Nahrungsmitteln können hingegen das Krebswachstum reduzieren oder sogar vor Krebs schützen.

Herzerkrankungen

Herzerkrankungen stehen weltweit in den Industrieländern mit einer vorwiegend auf Tierprodukten basierenden Ernährung sowohl in der Häufigkeit als auch bei den Todesursachen an erster Stelle. Bei diesen Erkrankungen mit einer Verengung oder einem Verschluss der Herzkranzgefäße ist der Verzehr von tierlichen Produkten nahezu die alleinige Ursache. Tierliches Protein, ungesättigte tierliche Fette und das ausschließlich in Tierprodukten enthaltene Cholesterin lassen die Blutfette und das Blutcholesterin ansteigen, sodass sich mit der Zeit an den arteriellen Blutgefäßen insgesamt und damit auch an den Herzkranzgefäßen immer mehr Fette ablagern. Die Folge: Es kann immer weniger Blut durchfließen.

Viele Studien haben nachweisen können, dass diese Erkrankungen durch eine pflanzliche Ernährung nicht nur gestoppt, sondern sogar rückgängig gemacht werden können. Prominentestes Beispiel ist der ehemalige US-Präsident Bill Clinton, der noch vor wenigen Jahren ein Anhänger von Junkfood war und eine typische auf Fleisch und Milch basierende Kost bevorzugte. Als Folge davon musste er sich schweren Operationen unterziehen. Aus diesem lebensbedrohenden Desaster hat er glücklicherweise die richtigen Lehren gezogen, nachdem er sich von erstklassigen Ärzten beraten ließ. Er entschied sich für eine vegane Ernährung, um sein Leben zu retten.

Bluthochdruck

Dem Bluthochdruck liegen in der Regel genau die gleichen Ursachen wie den Herzerkrankungen zugrunde: eine auf Tierprodukten basierende Ernährung mit einem hohem Eiweiß-, Fett- und Cholesteringehalt. Auch hier können in aller Regel die Bluthochdruckpatienten die oft mit erheblichen Nebenwirkungen behafteten Medikamente absetzen oder zumindest in der Dosierung erheblich absenken.

Übergewicht und Fettleibigkeit (Adipositas)

Die Ernährung mit eiweiß- und fettreichen Tierprodukten ist der wichtigste Grund für Übergewicht und Fettleibigkeit. Ebenso die Aufnahme von Nahrungsmitteln und Getränken, die erhebliche Mengen an raffiniertem Zucker enthalten. Kommen dann noch wenig Sport bzw. mangelnde Bewegung hinzu, dann ist der Teufelskreis bis hin zur krankhaften Adipositas mit all ihren Folgeerkrankungen in Gang gesetzt. Ein Entkommen aus diesem Teufelskreis und allen Folgeerkrankungen ist oftmals kaum noch möglich, weil sich kaum fachkompetente Ratgeber finden. Diäten haben in aller Regel keinen dauerhaften Erfolg. Ein langanhaltender Erfolg ist nur durch eine konsequente Ernährungsumstellung hin zu einer gesunden veganen Ernäh-

PRAXIS

Mike Tyson – prominenter Veganer

Der frühere Boxweltmeister aller Klassen, Mike Tyson, gab in einem Interview in WELT ONLINE vom 01.01.2012 als Motiv für seine Umstellung auf vegane Ernährung das Erreichen seines Idealgewichts (trotz erblicher Vorbelastung für Fettleibigkeit) an:

Tyson: Ich habe über 40 Kilo verloren, nachdem ich vor drei Jahren meine Ernährung radikal umgestellt habe. Ich bin strenger Veganer, ich esse nicht einmal Fisch oder Honig.

Welt Online: Wie kamen Sie denn darauf?

Tyson: Ich wollte nicht mehr fett sein. In meiner Familie war Fettleibigkeit anscheinend erblich bedingt, denn alle neigten dazu. Ich wollte die Tradition durchbrechen, um auch Vorbild für meine Kinder zu sein. Ich kann denen doch schlecht sagen: Hey, ihr seid zu dick, ihr lebt ungesund, ihr müsst auf eure Figur achten, dafür müsst ihr dies und jenes tun, wenn ich selbst 300 Pfund oder mehr wiege.

rung zu erwarten. Mit der veganen Ernährung kann man sich satt essen und verliert trotzdem so lange Gewicht, bis man sein Idealgewicht erreicht hat, sofern man die richtigen vollwertigen pflanzlichen Nahrungsmittel zu sich nimmt.

Insbesondere Eltern sind hier an ihre Verantwortung zu erinnern, ihren Kindern die besten Chancen für den Start in ein gesundes Leben zu eröffnen. Da sich viele Eltern aber katastrophal ernähren und somit oft auch übergewichtig sind, ist das Schicksal der Kinder und ihrer Gesundheit besiegelt. Lesen Eltern dann noch Berichte von uninformierten und/oder unseriösen Journalisten über Kinder, die angeblich vegan ernährt und krank geworden sind, werden die Menschen natürlich

von einer veganen Ernährung abgeschreckt, da sie die wissenschaftlichen Fakten und Hintergründe nicht kennen. Natürlich gibt es auch vegane Eltern, die ihre Kinder vernachlässigen. Es gibt auch vegane Eltern, die ihre Kinder nicht richtig ernähren. Es gibt auch vegane Eltern, die ihren kranken Kindern aus ideologischen Gründen keine ausreichende medizinische Versorgung zukommen lassen. Das alles sind Ausnahmen und ist auch nicht auf vegane Eltern begrenzt. Im Gegenteil ermöglichen vegane Eltern ihren Kindern gerade durch eine gesunde vegane Ernährung die besten Startchancen in ein gesundes und erfolgreiches Leben. Nicht umsonst verfügen im Durchschnitt vegan ernährte Kinder nach den bekannten wissenschaftlichen Untersuchungen über eine höhere Intelligenz als omnivor, also mit tierlichen Produkten, ernährte Kinder. Das kann aber kaum verwundern, da nach den wissenschaftlichen Erkenntnissen für jedes Lebensalter, vom abgestillten Kleinkind bis hin zum Greis, für jede Lebenssituation, vom Kranken über die Schwangere bis hin zum Spitzensportler, die vegane Ernährung die beste und gesündeste ist. Nur unwissende und vorurteilsbehaftete mit Scheuklappen versehene Journalisten kommen da auf die abstruse Idee, der veganen Ernährung die Schuld zu geben, wenn Eltern ihren Pflichten nicht nachkommen.

Diabetes

Es werden zwei Arten des Diabetes unterschieden. Der Typ I betrifft hauptsächlich Kinder und Jugendliche. Er stellt eine Autoimmunerkrankung dar, bei der das körpereigene Immunsystem die insulinproduzierenden Zellen der Bauchspeicheldrüse angreift und vernichtet, sodass kein Insulin mehr gebildet werden kann. Die Daten aus wissenschaftlichen Studien sind erdrückend, dass diese schwere Erkrankung durch Kuhmilch ausgelöst wird bei Kindern, die zu früh abgestillt werden und stattdessen Kuhmilch oder mit Kuhmilch versetzte Kindernahrung erhalten. Offensichtlich haben Teile des Kuhmilchproteins Ähnlichkeit mit den Pankreaszellen, sodass zuerst Antikörper gegen Kuhmilchprotein gebildet werden, die aber auch die Zellen der Bauchspeicheldrüse angreifen. Angesichts der Schwere und der lebenslangen Folgen dieser Erkrankung ist es

unverantwortlich, Kindern Milch oder Milchprodukte zu verabreichen oder sogar in der Werbung und durch PR-Aktionen Kuhmilch als gesundes Nahrungsmittel anzupreisen.

Der Typ-II-Diabetes, auch Erwachsendiabetes genannt, betrifft vorwiegend Erwachsene. Allerdings verschiebt sich der Beginn der Erkrankung immer mehr zu jüngeren Jahrgängen. Denn diese schwere Erkrankung ist eindeutig durch eine falsche Ernährung, basierend auf Tierprodukten und Produkten mit einem hohen Gehalt an raffiniertem Zucker, bedingt. Diese auf tierlichem Eiweiß, gesättigten Fetten und raffiniertem Zucker basierende Ernährung macht die Menschen immer fetter und übergewichtiger. Die Verfettung der Kinder hat wahrhaft epidemische Ausmaße angenommen, sodass auch immer jüngere Jahrgänge erkranken. Als Folge davon kommt es zu einem relativen Insulinmangel und zu einer Insulinresistenz an den Zielorganen, sodass einmal in Anbetracht der benötigten Menge zu wenig Insulin gebildet wird und andererseits das gebildete Insulin an den Zielorganen nicht wirkt und so die Glucose nicht in die Zellen eindringen kann. Folge ist ein hoher Blutzuckerspiegel, der dieser Krankheit im Volksmund auch den Namen »Zucker« gegeben hat.

Fast alle Diabeteskranken sprechen bestens auf eine vegane Ernährung an, sodass die Medikamentendosis drastisch gesenkt werden kann oder sogar alle Medikamente abgesetzt werden können. Dass in Anbetracht der großen

Erfolge der veganen Ernährung bei der Behandlung des Diabetes in wissenschaftlichen Untersuchungen und in Anbetracht der tödlichen Folgen des Diabetes die vegane Ernährung keine Standardtherapie bei Diabetes darstellt, ist für mich schlicht und einfach ein Skandal. Hier werden Menschenleben dem Profit geopfert, denn die medizinische Versorgung bei Diabetes ist sehr teuer und daher lukrativ für die Medizin- und Pharmaindustrie.

Knochenschwund/ Osteoporose

Hier sei auf die Ausführungen unter »Mineralstoffe und Spurenelemente« (Seite 143) verwiesen, dass Milch, Milchprodukte und Fleisch die Ursachen für Osteoporose und für gesteigerte Brüchigkeit von Knochen darstellen. Dass Milch und Milchprodukte durch ihren Kalziumgehalt Knochen stärken oder irgendeinen gesundheitlichen Wert haben, ist so weit von der Wahrheit entfernt wie der Mars von der Erde. Eine größere Schädigung der Gesundheit und auch der Knochen als durch Fleisch, Milch und Milchprodukte ist kaum vorstellbar. Nur die Unterwanderung der Politik und der offiziellen Ernährungsberatungsstellen durch die Fleisch-, Milch und Eierindustrie mit ihren gut bezahlten Helfern lässt dieses für die menschliche Gesundheit schädliche System weiter Unglück, Krankheit und Leid verbreiten.

Alzheimer und andere Formen der Demenz

Wissenschaftliche Studien weisen deutlich darauf hin, dass Alzheimer und andere Formen der Demenz durch eine Ernährung gefördert werden, die reich an Tierprodukten ist. Pflanzliche Ernährung dagegen wirkt nach diesen Untersuchungen schützend. Dies ist nicht weiter erstaunlich, da eine Ernährung, die reich an Tierprodukten ist, das Gefäßsystem erheblich schädigen kann und somit auch die Gefäße des Kopfes bzw. des Gehirns betroffen sind. Demenz ist daher auch sehr oft mit Herz-Kreislauf-Erkrankungen, Diabetes Typ II, Bluthochdruck, Gehirnschlägen und erhöhten Blutcholesterinwerten verbunden.

Nierensteine

Nierensteine bestehen in der Mehrzahl der Fälle aus Kalzium und Oxalat. Die Schmerzen einer Kolik, ausgelöst durch Nierensteine, sind wahrscheinlich die Spitze dessen, was man an Schmerzen erleiden kann. Je höher die Aufnahme von Tierprotein ist, desto höher ist die Wahrscheinlichkeit von Nierensteinen. Denn durch Tierprotein steigt die Konzentration von Kalzium und Oxalat im Harn stark an, sodass es leicht zur Bildung von Kalziumoxalat-Steinen kommt.

Multiple Sklerose (MS)

Multiple Sklerose ist eine Autoimmunerkrankung wie auch der Typ-I-Diabetes, nur dass sich bei der MS das Immunsystem gegen die Myelinscheiden der Nerven richtet und diese zerstört. Wissenschaftliche Untersuchungen zeigen, dass der Konsum von Kuhmilch und Fleisch in einem engen Zusammenhang mit MS steht. Ebenfalls konnten Studien nachweisen, dass viele MS-Patienten starke Verbesserungen im Krankheitsverlauf erzielen können, wenn gesättigte Fette aus tierlichen Produkten in ihrer Ernährung stark verringert werden.

Was sagen weltweit anerkannte Experten?

Da die Ergebnisse aus der wissenschaftlichen Ernährungsforschung so eindrücklich, ja erdrückend sind, nehmen seriöse Ärzte- und Ernährungsorganisationen zu den Vorteilen der veganen Ernährung eindeutig Stellung. So zum Beispiel in einem gemeinsamen Positionspapier von 2003 die ADA (»American Dietetic Association«, Amerikanische Gesellschaft für Ernährung) und die DC (Verband der kanadischen Ernährungswissenschaftler). In diesen Verbänden sind die renommiertesten Ernährungswissenschaftler der USA und Kanadas zu finden. Allein die ADA hat etwa 70.000 Mitglieder. In diesem Positionspapier heißt es u. a.: »Gut geplante vegane und andere Formen der vegetarischen Ernährung sind für alle Phasen des Lebenszyklus geeignet, einschließlich Schwangerschaft, Stillzeit, früher und später Kindheit und Adoleszenz. Vegetarische Ernährungsformen bieten eine Reihe von Vorteilen.«

Und weiter heißt es dort: »Es ist die Position der Amerikanischen Gesellschaft für Ernährung (ADA) und des Verbandes kanadischer Ernährungswissenschaftler (DC), dass eine vernünftig geplante vegetarische Kostform gesundheitsförderlich und dem Nährstoffbedarf angemessen ist sowie einen gesundheitlichen Nutzen für die Prävention (Vorbeugung) und Behandlung bestimmter Erkrankungen hat. [...] Es liegt in der Verantwortung von Ernährungswissenschaftlern, Interessierte bei der Aufnahme einer vegetarischen Ernährung zu unterstützen und zu ermutigen.«

2009 hat die ADA (»American Dietetic Association«, Amerikanische Gesellschaft für Ernährung) ein überarbeitetes Positionspapier zur vegetarischen und veganen Ernährung publiziert und ihre Empfehlung für diese Ernährungsformen bestärkt. Dort kommt man zu dem Schluss, dass vegetarische Ernährungsformen einschließlich veganer Ernährung – sofern richtig durchgeführt – gesund und nahrhaft für Erwachsene, Kleinkinder, Kinder und Heranwachsende sind und sogar chronischen Krankheiten wie Herzerkrankungen, Krebs, Übergewicht und Diabetes vorbeugen und sie behandeln helfen können.

Das im Juli 2009 in der Zeitschrift »Journal of the American Dietetic Association« veröffentlichte Papier repräsentiert die offizielle Grundhaltung der ADA zu vegetarischen Ernährungsformen inklusive veganer Ernährung: »Die American Dietetic Association ist der Ansicht, dass eine gut geplante vegetarische Ernährungsform, einschließlich komplett vegetarischer oder veganer Ernährungsformen, gesund sind, ernährungsphysiologisch bedarfsgerecht sind und gesundheitliche Vorteile in der Prävention und der Behandlung bestimmter Krankheiten bieten. Eine gut geplante vegetarische Ernährungsform ist für Menschen aller Altersstufen geeignet, eingeschlossen Schwangere, Stillende, Kleinkinder, Kinder, Heranwachsende und Sportler.«

»Vegetarier neigen zu einem niedrigeren BMI (Body Mass Index) und zeigen eine allgemein niedrigere Rate an Krebserkrankungen. Vegetarische Ernährungsformen haben die Tendenz, weniger gesättigte Fettsäuren und Cholesterin, dafür aber mehr Ballaststoffe, Magnesium, Kalium, Vitamin C, Vitamin E, Folsäure, Carotinoide, Flavonoide und andere sekundäre Pflanzenstoffe zu enthalten. Diese Nährstoffunterschiede könnten die gesundheitlichen Vorteile für diejenigen darstellen, die eine abwechslungsreiche und ausgewogene vegetarische Ernährungsform verfolgen.«

Auch die Aussagen eines der anerkanntesten und renommiertesten deutschen Ernährungswissenschaftler, Prof. Dr. Claus Leitzmann, sind eindeutig: »Studien mit vegan lebenden Menschen, die weltweit, aber auch von uns durchgeführt wurden, zeigen, dass VeganerInnen im Durchschnitt deutlich gesünder sind als die allgemeine Bevölkerung. Körpergewicht, Blutdruck, Blutfett- und Cholesterinwerte, Nierenfunktion sowie Gesundheitsstatus allgemein liegen häufiger im Normalbereich.«

Die PCRM (»The Physicians' Committee for Responsible Medicine«, Ärztekommission für verantwortungsbewusste Medizin) ist eine gemeinnützige Organisation, die präventive Medizin fördert, klinische Forschung durchführt und höhere Standards für Ethik und Effizienz in der Forschung fördert. Die PCRM empfiehlt die vegane Ernährung als die gesündeste Ernährung und begründet dies auch logisch nachvollziehbar: »Vegane Ernährung, die keine tierlichen Produkte enthält, ist sogar gesünder als vegetarische Ernährung. Vegane Ernährung enthält kein Cholesterin und sogar weniger Fett, gesättigte Fettsäuren und Kalorien als vegetarische Ernährung, weil sie keine Milchprodukte und Eier enthält. Die wissenschaftliche Forschung zeigt, dass die gesundheitlichen Vorteile zunehmen, wenn die Menge der Nahrung aus tierlichen Quellen in der Ernährung verringert wird, was die vegane Ernährung zur gesündesten insgesamt macht.«

Professor Dr. T. Colin Campbell, Autor der Ernährungsstudie »The China Study«, bietet eine einfache Möglichkeit, die Vorteile einer pflanzlichen Ernährung zu erklären: »Die überwiegende Mehrheit aller Krebserkrankungen, Herz-Kreislauf-Erkrankungen und anderen Formen von degenerativen Erkrankungen können mit der Durchführung einer pflanzlichen Ernährung einfach verhindert werden.«

Mehr als vierzig Jahre war Professor Dr. T. Colin Campbell an der Front der Ernährungsforschung. Der emeritierte Professor für Lebensmittel-Biochemie an der Cornell University hat mehr als 300 Forschungsarbeiten verfasst. Sein Vermächtnis, das China-Projekt, ist die umfassendste Studie über Gesundheit und Ernährung, die jemals durchgeführt wurde. Dort fordert Professor Campbell: »Egal ob Wissenschaftler, Ärzte und politische Entscheidungsträger daran glauben, dass die Öffentlichkeit etwas ändern wird oder auch nicht, so muss der Laie darüber Bescheid wissen, dass eine Ernährung, die auf vollwertigen pflanzlichen Nahrungsmitteln basiert, bei weitem die gesündeste Ernährungsform ist.«

Nicht nur eine riesige Anzahl wissenschaftlicher Ernährungsstudien sprechen eindeutig für eine rein pflanzliche Ernährung ohne Tierprodukte, sondern auch die Empfehlungen von unabhängigen Ärzte- und Ernährungsorganisationen weltweit!

Vegane Ernährung und Sport

Vegane Ernährung ist für alle Sportarten ideal, gleichgültig ob es um Ausdauer, Kraft, Schnellkraft oder Schnelligkeit geht. Dies beweisen die weltweit besten veganen Sportler. Leider ist es so, dass sich immer noch zu viele Sportler von Ärzten, Trainern und Ernährungsberatern beeinflussen lassen, die nicht auf dem aktuellen Stand der Ernährungswissenschaften sind.

Einige Beispiele: Nicht nur Schnellkraftsportler wie der der 9-fache Olympiasieger Carl Lewis (Sprint, Weitsprung) profitieren von gesunder veganer Ernährung, sondern auch viele der besten Ultra-Ausdauersportler. So ist bekannt, dass der 6-malige Gewinner des Hawaii-Triathlons Dave Scott während der Zeit seiner größten Erfolge eine streng vegane Ernährung befolgte. Auch der zurzeit stärkste Mann Deutschlands, Patrik Baboumian, lebt vegan. Auch die einst beste Tennisspielerin der Welt, Martina Navratilova, profitierte von ihrer veganen Lebensweise. Eine gesunde vegane Lebensweise stellt für viele Sportler eine fantastische Möglichkeit dar, auf natürliche Weise ohne Doping ihre Leistungen zu steigern. Genießen Sie also weiterhin die Vorteile des Sports – in Kombination mit Ihrer veganen Ernährungsweise kann Ihrem Körper nichts Besseres widerfahren.

Vorteile für Mensch, Tier, Umwelt und Klima

Bei der veganen Ernährung geht es nicht nur um unseren eigenen gesundheitlichen Vorteil, Sie leisten damit auch einen tollen Beitrag für die Welt insgesamt. Denn die vegane Lebensweise hat noch ganz andere, kaum beachtete Vorteile für die Umwelt, das Klima, die Mitmenschen und die Tiere. Die Produktion von Tierprodukten, ob Fleisch, Fisch, Milch, Milchprodukten und Eiern, stellt so gut wie immer eine schreckliche Ausbeutung und Tierquälerei dar, die mit dem vorzeitigen und meistens qualvollen Tod der missbrauchten Tiere endet. Das ist moralisch nicht nur fragwürdig, sondern auch ein Unrecht, was dem sogenannten Humanismus Hohn spricht. Dies ist nicht nur meine Meinung, sondern auch die von viel bedeutenderen Persönlichkeiten wie dem Nobelpreisträger Isaac Bashevis Singer, dem Arzt und Theologen Albert Schweitzer, dem Pazifisten Mahatma Gandhi oder dem Schriftsteller Leo Tolstoi, um nur einige wenige zu nennen.

Das renommierte WorldWatch Institute hat am 21.10.2009 eine Studie über die Bedeutung der Tierhaltung und des Konsums tierlicher Produkte für den Klimawandel veröffentlicht. Demnach ist der Konsum von Fleisch, Milch und Eiern für mindestens 51% der weltweiten, von Menschen ausgelösten Treibhausgasemissionen verantwortlich! Auch die FAO (Food and Agriculture Organization of the United Nations, eine Organisation der UNO) kam schon 2006 in einer Studie zu dem Ergebnis, dass tierliche Produkte noch vor dem gesamten Verkehr und der Industrie für die größten Emissionen von klimaschädlichen Treibhausgasen verantwortlich sind. Ändert die Menschheit nichts an ihrer Ernährung, werden unsere Kinder und Enkelkinder eine sehr negativ veränderte Welt vorfinden.

Es dürfte jedem bekannt sein, dass die Tierhaltung und die Erzeugung von Futterpflanzen der Hauptgrund für die Abholzung der Regenwälder darstellt, der grünen Lunge unserer Erde. Wussten Sie zum Beispiel, dass ca. 50% der weltweiten Getreideernte und ca. 90% der weltweiten Sojaernte zum Mästen von Tieren verwendet werden, die nur deshalb gezüchtet und gemästet werden, um die Menschheit mit Tierprodukten zu versorgen? Dabei ist eine Ernährung über Tierprodukte eine ungeheuerliche Ressourcenverschwendung. Um z. B. nur ein Kilogramm Rindfleisch zu »produzieren«, benötigt man ca. 16 Kilogramm pflanzliche Nahrung und ca. 20 000 Liter Wasser. Diese pflanzliche Nahrung steht den über 1 000 000 000 hungernden Menschen nicht zur Verfügung. Deshalb sterben durchschnittlich täglich allein etwa 40 000 Kinder an Hunger. Täglich!

WISSEN

Leistungsfähiger durch vegane Ernährung

Viele unterliegen dem Irrtum, durch Fleisch und Milch leistungsfähiger zu werden. Das Gegenteil stimmt: Durch eine optimale vegane Ernährung ist der Körper zu mehr Leistung fähig als ein mit zu vielen tierlichen Fetten und Eiweißen belasteter.

Quellen und weiterführende Literatur

Campbell, Colin T.: China Study, 2. Auflage. Verlag Systemische Medizin, 2011

www.ProVegan.info

www.pcrm.org

www.eatright.org

www.worldwatch.org

www.fao.org

www.welt.de

Sogar aus diesen »Hungerländern« wird pflanzliche Nahrung für die Mästung der Tiere in den Industrienationen exportiert. Würde man es drastisch formulieren wollen, müsste man sagen: Wer für Tierprodukte bezahlt, unterstützt dieses perverse System und ist verantwortlich für den Tod dieser Kinder.

Das Fazit lautet also

Es existiert kein vernünftiger Grund, der gegen eine vegane Ernährung spricht. Ganz im Gegenteil sprechen alle gesundheitlichen Gründe, aber auch der Tierschutz, Klimaschutz, Umweltschutz und die Menschenrechte für eine vegane Ernährung. Nur für denjenigen, der seine Gesundheit ruinieren möchte und noch dazu Tierquälerei, die Klimakatastrophe, Umweltschäden und den Hungertod von Menschen finanzieren möchte, kommt die vegane Ernährung nicht infrage.

Diese kurze Einführung über die gesundheitliche Bedeutung der veganen Ernährung kann natürlich nicht vollständig sein. Sie soll Ihnen aber einen Überblick verschaffen und nicht nur Appetit auf köstliche und gesunde vegane Speisen machen, sondern auch Lust, einen Blick in weiterführende Literatur zu werfen. Hier sei besonders das bereits angesprochene Buch »China Study« von Professor Dr. T. Colin Campbell empfohlen (siehe Seite 137), welches auch für Laien sehr gut lesbar ist. Aus meiner Sicht ist es das wichtigste und wertvollste Buch über Ernährung, das jemals geschrieben wurde.

Nun wünsche ich Ihnen viel Spaß beim Ausprobieren Ihrer ersten veganen Gerichte und alles Gute für Ihre Gesundheit!

Rezept- und Zutatenverzeichnis

Stichwortverzeichnis

Bibliografische Information der Deutschen Nationalbibliothek
Die Deutsche Nationalbibliothek verzeichnet diese Publikation in
der Deutschen Nationalbibliografie; detaillierte bibliografische Daten
sind im Internet über http://dnb.d-nb.de abrufbar.

Programmplanung: Uta Spieldiener

Redaktion und Bildredaktion: Kerstin Mendler

Umschlaggestaltung und Innenlayout:
Cyclus · Visuelle Kommunikation, Stuttgart

Bildnachweis:
Umschlagfoto vorn: Fotolia
Umschlagfotos hinten: Chris Meier, Stuttgart
Fotos im Innenteil: S. 6, 13, 16, 139: ONOKY/F1online; S. 12: Emotive/
F1online; S. 20, 23: Fotolia; S. 144: Jupiter Images; S. 8/9, 24/25,
132/133 sowie alle Rezeptfotos: Chris Meier, Stuttgart

© 2012 TRIAS Verlag in
MVS Medizinverlage Stuttgart GmbH & Co. KG
Oswald-Hesse-Straße 50, 70469 Stuttgart

Printed in Germany

Repro: Ziegler und Müller, Kirchentellinsfurt
Satz: Ziegler und Müller, Kirchentellinsfurt
gesetzt in: APP/3B2, Version 9.1 Unicode
Druck: AZ Druck und Datentechnik GmbH, Kempten

Gedruckt auf chlorfrei gebleichtem Papier

ISBN 978-3-8304-6660-4   1 2 3 4 5 6
Auch erhältlich als E-Book:
eISBN (PDF) 978-3-8304-6661-1
eISBN (ePUB) 978-3-8304-6662-8

Besuchen Sie uns auf facebook!
www.facebook.com/
gesundeernaehrungtrias

SERVICE

Liebe Leserin, lieber Leser,

hat Ihnen dieses Buch weitergeholfen? Für Anregungen, Kritik, aber auch für Lob sind wir offen.
So können wir in Zukunft noch besser auf Ihre Wünsche eingehen. Schreiben Sie uns, denn Ihre Meinung zählt!

Ihr TRIAS Verlag
E-Mail-Leserservice: heike.schmid@medizinverlage.de
Lektorat TRIAS Verlag, Postfach 30 05 04, 70445 Stuttgart, Fax: 0711 89 31-748